삶의 경제적 기반을
마련하기 바라는 마음으로
최소한의 경제 원리를
깨우치길 바라는 마음으로
책을 만들었습니다.
작은 도움이 되기를
바랍니다.

정 선 용 드림

아들아,
돈 공부해야 한다

아들아, 돈 공부해야 한다

50억 부자 아빠의 현실 경제 수업

정선용(정스토리) 지음

알에이치코리아

한때 좋은 대학만 가면 앞길이 훤히 열릴 것이라는 믿음이 진실이던 시절이 있었습니다. 하지만 이제는 세상이 달라져 돈 공부, 경제 공부가 우선인 시대인 것 같습니다. 부디 많은 분이 『아들아, 돈 공부해야 한다』를 읽고 멋진 인생 행로를 설계하길 바랍니다.

_홍춘욱 『돈의 역사는 되풀이 된다』 저자

쉽지 않은 '돈 이야기'를 어쩌면 이렇게 잘 풀어냈을까. 저자의 내공에 연신 감탄하며 단숨에 읽어 내려간 책이다. 재미있고 유익하고 감동적이기까지 하다. 읽는 내내 돈을 잘 벌고 싶다는 의욕이 생겨난다. 이 좋은 책이 10만 부가 넘게 팔려 골드 에디션이 나온다니 참으로 잘된 일이다. 보다 많은 사람을 '경제적 자유의 길'로 이끄는 멋진 지침서가 되기를 바란다.

_청울림(유대열) 다꿈스쿨 대표, 『나는 오늘도 경제적 자유를 꿈꾼다』 저자

자녀에게 배경과 재물을 물려줄 것인가? 아니면 실물 경제를 스스로 체득하게 할 것인가? 『아들아, 돈 공부해야 한다』는 작금의 이슈에 안성맞춤인 책이다.

_박남주 풀무원식품 대표이사

우리가 살아갈 디지털 자본주의 정글에 꼭 필요한 책을 만났다. 기쁜 마음으로 『아들아, 돈 공부해야 한다』를 추천한다.

__문영표 한국체인스토어협회 회장, 전 롯데마트 대표이사

"딱딱한 경제 이야기에도 이런 재미와 감성을 담아낼 수 있구나. 그렇구나!" 손뼉을 치면서 읽었다. 이 책은 재미있고, 공감이 가며, 감동이 있다. 마지막에 이르러서는 가슴이 찡해서 정말 눈물을 흘릴 뻔했다.

__최준석 전 롯데슈퍼 대표이사

유통 현장의 실물 경제 경험, 매일 종이 신문 읽기로 다진 탄탄한 경제 이론이 곳곳에 잘 담겨 있다. 여기에 문학 작품처럼 술술 읽히는 건 덤이다. 딱딱한 경제 책을 읽기 싫어하는 우리 아들에게 선물하려고 한다.

__김기환 세계일보 유통전문기자

지금 저는, 다시 시작합니다

사람들은 이 시대에 적응하는 생존 조건으로 협력을 요구합니다. 각자의 욕망을 억제해서 우선은 공동체의 선을 이루어야 한다고 외칩니다. 그러나 저는 우리 시대를 각자도생의 시대라고 부르고 싶습니다. 왜냐하면 국가도, 회사도, 학교도 개인을 지켜주지 않기 때문입니다. 국가도, 회사도 독립된 생명체처럼, 전체의 생명 유지가 우선이지 개인의 생존을 끝까지 지켜주는 역할은 하지 못합니다.

마치 공유지의 비극과 유사합니다. 영국의 어느 마을 한가운데에 누구나 양들을 끌고 와서 풀을 먹일 수 있는 무성한 목초지가 있었습니다. 이 목초지는 공유지였기 때문에 누구나 아무 제한 없이 양들에게 먹이를 먹일 수 있었습니다. 하지만 풀이 다시 자라날 수 있도록 한꺼번에 풀을 먹이는 양의 수를 제한해야만 했습니다. 마을 사람들이

번갈아 목초지를 관리하고 방목된 양의 수를 제한해 보기도 했지만 별 성과 없이 흐지부지되고 말았습니다. 결국 모든 농부들은 목초지가 망가지기 전에 자기 양 떼에게 풀을 먹이려 했고, 삽시간에 목초지는 벌거숭이가 되고 말았습니다. 생물학자 가렛 하던의 '공유지의 비극' (1968년 사이언스지 발표)처럼, 정부와 회사라는 공동체에 대한 협력을 우선시하다가 개인은 개인 자체의 자립을 보장받지 못하는 경우가 많습니다.

개인은 자기만의 삶의 공간을 확보해야 합니다. 우리는 자기 스스로 기본적인 삶의 토대를 마련해야 하는 치열한 적자생존의 시대를 살아가고 있습니다. 퇴직 후에 나는, 이 시대에 무엇에 기대어 살아갈 것인가에 대한 고민으로 잠을 잘 자지 못했습니다. 특히나 내 가난의 업보가 자식 세대에 고스란히 전가되는 자본주의의 고리가 더욱 무서웠습니다. 내 자식에게만은 가난이 전가되는 그 고리에서 벗어나는 방법을 찾고 싶었습니다.

이 책으로, 내가 경제 무능에서 벗어날 뿐만 아니라, 자식들도 경제 무지에서 벗어나게 해주자는 마음으로 한 자 한 자 써 내려갔습니다. 이렇게 써 내려간 글은 뜻밖에 세 가지 선물을 주었습니다.

첫 번째 선물은 경제 지식입니다.

글을 쓰는 동안에 이미 수많은 돈과 경제의 본질을 깨우칠 수 있었습니다. 머릿속에서 연결성 없이 흘러 다니던 경제 정보들이 글이라는 실에 꿰어서 날줄과 씨줄로 연결되었고, 돈과 경제의 개념을 확립하게 되었습니다.

두 번째 선물은 일의 토대가 되었습니다.

지금 나의 직업은 작가이고, 유튜버이고, 경제를 배우는 박사과정의 학생입니다. 쓰고, 창조하고, 배우는 일을 직업으로 가질 수 있었습니다. 당연히 이 책 덕분에 가능했습니다. 이 책이 만들어준 토대를 딛고, 앞으로 나아가고 있습니다. 이 일은 평생을 걸쳐서 해나갈 수 있는 평생 직업이 되었습니다. 저의 생각이 깨어 있는 한 퇴직이란 없습니다.

세 번째 선물은 문화 자본 소득을 주었습니다.

10만 부 에디션 판만으로 나는 문화 자본가가 되었습니다. 내가 노동을 제공하지 않아도, 나의 문화 자본이 알아서 돈을 벌어다 주고 있습니다. 지금 나는, 이 문화 소득 덕분에 글을 쓰고, 영상 콘텐츠를 만들고, 하고 싶은 공부를 내 돈 내고 배우고 있습니다. 이 문화 자본은 이 책이 저에게 주는 뜻밖의 소득입니다.

이 자리를 빌려서, 이 책이 빛을 발하게 만들어 준 이들에게 감사를 전하고 싶습니다.

우선은 '고맙습니다' 먼저 이 말을 하고 싶었습니다. 다른 모든 말보다, 먼저 이 말을 하고 싶었습니다. 돌이켜보니, 2020년 9월 30일, 그 절망 같은 퇴직 후 유일한 희망은 글쓰기였습니다. 글쓰기가 나를 일으켜 세워주는 희망이 될 거라고, 그때는 전혀 생각하지 못했습니다. 매일 아침 5시에 일어나, 무조건 한 편의 글을 쓰겠다는 의지로 50여일을 버텼습니다.

감사하는 마음을 외치는 대상 중 첫째는 저 자신입니다. 매일 끝까지 멈추지 않고 글을 쓴 저에게 대견하다고 칭찬해 주고 싶습니다. 저도 끝까지 해낼 거라고, 생각 못 했습니다. 그저 하루만 더 해보자는 생각이 나를 이끌었습니다.

둘째는 가족입니다. 아들로서, 아버지로서, 남편으로서 나를 믿어준 가족들에게 고맙습니다. 가족의 응원이 없었다면, 버티지 못했을 겁니다.

셋째는 독자입니다. 어설픈 책을 끝까지 읽어주신 독자분들에게 고맙습니다. 댓글과 리뷰를 남겨주시고, 그 모든 관심에 감사합니다. 그분들의 응원이 있었기에 글을 쓸 수 있었습니다. 사실 저마저도, 회의적인 순간은 당연히 있었습니다. 그때마다, 응원의 말은 버티게 해주는 힘이 되었습니다.

이 세상에 작은 흔적을 하나 남길 수 있도록 만들어준 모든 분들,

감사합니다.

저를 구원해 주셨습니다.

그 은혜를 잊지 않고, 살아가겠습니다.

고맙습니다.

돈 공부해야 하는 이유

"25년 동안 쉬지 않고 일했는데, 왜 아직도 이렇게 살기 힘든가?"

아들아, 나는 수천 번 이 질문을 던졌다. 모든 것이 내 무능함에 의한 업보라고 생각하며 살아왔다. 그러나 아니었다. 그저 경제 구조에 대한 이해가 부족했고, 철저히 무지했기 때문에 벌어진 일이었다. 경제 지식이 무엇보다 중요했다. 아들아, 나는 코로나19 한복판에서 소속을 잃고서야 그 사실을 깨달았다. 그동안 나는 '경제 문맹'이었다. 글자를 모르는 것만 문맹이 아니었다. 금융 자본주의 시대에는 돈의 원리, 즉 경제 지식을 이해하는 능력이 없으면, 그것도 문맹이었다.

아버지는 대기업에서 25년 동안 상품을 기획하고 판매한 유통 전문가다. 부지런히 공부하고 일하며 자본주의 한복판에서 돈의 흐름을 몸에 익혔다. 어떻게 해야 좋은 상품을 만들 수 있는지, 어떻게 해야 물건을 판매할 수 있는지, 시장은 어떻게 움직이는지 손에 쥔 듯이 알았다. 그러나 한편으로 회사에만 목을 맨 '경제 문맹'이기도 했다. 네 엄마가 6억 원의 종잣돈을 50억 원으로 불려 나가는 동안, 나는 근로소득만 알았다. 그 우물 안에서만 전문가였다. 그 안에서 능력을 인정받아도 삶은 늘 퍽퍽했다. 아버지가 늦게나마 경제적인 감을 깨우친 것이 그나마 다행이고, 너희 엄마가 경제 감각이 뛰어났기에 망정이지, 그렇지 않았다면 어떻게 되었을지 눈앞이 깜깜하다.

앞으로 살아갈 세상은 경제 문맹들이 감당하기 어려운 시대다. 너는 경제 전문가로 살아가야 한다. 너는 아버지가 이루지 못한 일을 왜 자신에게 바라느냐고 할지 모른다. 주변 친구들을 예로 들며 돈에 관심을 두기에 이른 나이라고 말할지도 모른다. 네 친구들은 돈을 모으고 관리하는 데 아무 관심이 없고 멋진 차를 사고 멋진 물건을 사는 데 빠져있다고 말이다. 네 친구들을 기준으로 삼지 마라. 금융감독원 자료를 보면 우리나라 성인의 금융이해도가 전 부문에서 OECD 평균을 밑돈다. OECD 국가의 성인보다 돈에 관심이 없고 무지한 상태라는 의미이다. 그런 영향인지 모르겠지만, 노인빈곤율은 OECD 국가 중 1위다. 주변 친구들이 경제에 관심 없다고 너도 그렇게 살다가는,

아버지 세대보다 더 혹독한 시련을 겪게 될 것이다.

경제 지식이 없으면 말 그대로 '까막눈'이다. 아버지처럼 쉬지 않고 일했는데 살기는 더욱 힘들어지는, 자본주의의 굴레에 빠지지 않기를 바라는 마음이다. 이것이 너에게 경제 공부를 강조하는 이유다. 제발 경제 공부해라. 이 아버지가 너를 사랑하는 마음과 너의 삶을 염려하는 마음으로 당부한다. 아버지는 그래도 두 가지 행운이 있었다.

첫 번째로 아버지가 경제 활동을 시작한 시기에는 일자리가 많았다. 경제 지식이 조금 부족해도 몸으로 일해서 돈을 벌 수 있었다. 아버지는 천만다행으로 성장하는 시대에 살았고, 몸으로 때우는 일로도 살 만한 근로 소득을 얻었다. 지금처럼 경쟁이 치열한 저성장 시대가 아니었다. 그래서 먹고살 만큼의 돈은 수월하게 모을 수 있었다.

두 번째 행운은 네 엄마와 결혼한 일이다. 너도 알다시피 아버지는 직장에서 일만 했고, 네 엄마가 '부동산 재테크'는 다 했다. 너희 엄마는 경제 감각이 탁월해서 부동산 재테크로 제법 성공했다. 덕분에 우리는 서울시에 '삼 주택자'가 되었고, 지금은 돈에 쪼들리는 생활은 하지 않고 있다. 이 모든 성과에 아버지가 한 일은 극히 적다. 모든 건 네 엄마의 타고난 경제 감각 덕분이었다.

너는 경제 공부해야 한다. 왜냐하면 우리 세대의 주먹구구식 투자는 너의 시대에는 분명 소용없을 것이기 때문이다. 제대로 경제 공부해야 한다. 제대로 공부하지 않으면 아버지 수준의 여유를 즐기면서 살아가기도 힘들어질 것이다. 학교에서는 살아있는 경제 지식을 공부하기 어렵다. 학교에서 배운 경제 지식으로 부자가 될 수 있었다면 제일 많이 배운 경제학자들은 다 부자가 되었을 것이다. 그들이 말하는 것 중 네가 필요로 하는 것만 선택적으로 취하도록 해라. 그들은 경제주체 중 국가, 기업의 입장에서 경제 이론을 정립한다. 네가 필요로 하는 실질적인 경제 지식은 교과서 속 이론에는 없다.

실질적인 경제 지식으로 무장하고 싶다면, 걱정 없이 살 정도로 충분한 돈을 벌고자 한다면, 네 주변 '필드의 경제 전문가'들에게 배우는 것이 현명하다. 네 주변에는 실질적인 경제 전문가가 의외로 많다. 그들에게 살아있는 경제 지식을 배우는 것이 가치 있는 선택이다. 아버지는 네가 배울 만한 경제 전문가로 너희 엄마를 추천한다. 네 엄마는 살아있는 경제 감각을 지녔다. 특히 부동산을 보는 눈은 네 주변에서 엄마를 따라올 사람이 없다. 엄마가 없었다면 이 아버지는 나이 오십이 넘어서도 돈벌이에 급급했을 것이다. 아버지는 너희 엄마의 경제 감각에 감탄한다. 엄마 덕분에 돈에 쪼들리는 생활에서 벗어났다.

그러니 너희 엄마가 침을 튀겨가면서 자주 말하는 세 가지를 새겨들어야 한다. 너희는 잔소리로 생각할 수 있지만, 아버지는 그 말속에 피가 되고, 살이 되는 생생한 경제 지식이 있다고 생각한다. 아래는 네 엄마가 자주 반복했던 말들이다. 다시 되짚어볼 대목이 많다.

첫째, 10원도 아껴라. 모이면 목돈이 된다.

너희 엄마는 집에 굴러다니는 10원짜리도 소중히 여겼다. 동전을 함부로 두지 않고 모아 저금통에 넣었다. 적은 돈도 불필요한 곳에 쓰지 않았다. 그렇게 지출을 아껴 돈을 모을 수 있었다. 그러다가 네 엄마의 스테인리스 저금통에서 10원짜리 희귀 동전이 나왔다. 시세가 30만 원을 호가하는 것이다. 네 엄마는 작은 것을 모아가다 보면 '행운의 복리'가 된다고 좋아했다. 너희 엄마의 경제 철학을 배워야 한다. 그렇게 차츰 모여서 목돈으로 쌓인다.

둘째, 죽을힘을 다해 '종잣돈'을 만들어라.

네 엄마가 강조하는 것이다. 눈덩이 이론이 중요하다. 눈덩이는 일정 크기에 달했을 때부터 기하급수적으로 커진다. 돈도 일정 크기를 넘어야 눈덩이처럼 불어나기 시작한다. 종잣돈이 있어야 돈을 불릴 수 있다는 뜻이다. 너희 엄마가 매번 '씨드 머니'를 강조하는 건 바로 돈뭉치를 만들어 굴리라는 의미다. 종잣돈의 가치를 아는 것이 경제 공부의 핵심이다. 왜냐하면, 21세기는 돈이 돈을 버는, 금융 자본주의 시대이기 때문이다.

셋째, 종잣돈으로 '땅과 집'에 장기 투자해라.

너희 엄마에게는 땅과 집은 절대 배신하지 않는 안전 자산이라는 믿음이 있다. 아버지는 집은 거주하는 곳이라는 단순한 생각을 해왔다. 부동산에 관해서는 감이 떨어지는 사람이었다. 반면에 네 엄마는 부동산이 '안전한 투자 자산'이라는 확신이 있었고, 그래서 종잣돈이 모이면 과감하게 투자했다. 우리가 서울시에 '재건축 아파트 세 채'를 가질 수 있었던 이유다. 네 엄마처럼 살아있는 경제 감각을 지닌 주변 사람에게 배워야 한다.

이 글은 아버지가 2020년 9월 30일, 25년 다니던 직장을 퇴직한 후 매일 한 편씩 적어 내린 글이다. 지금은 다른 일을 하고 있지만, 당시 한순간에 소속을 잃은 충격은 적지 않았다.

아버지는 자본주의 한복판에서 깨달은 것들을 더 늦지 않게 너희에게 전하고 싶었다. 신문에서 본 '부동산 스터디' 카페에 매일 경제 관련 글을 한 편씩 써 내려가기 시작했다.

너희가 이 아버지처럼 살지 않도록 아버지가 깨달은 경제 지식을 말해주려고 한다. 너희의 경제 공부에 충분한 밑거름이 될 것이다. 이번 기회에 우리 함께 제대로 경제 공부해보자.

너를 사랑하는 아버지가

차
례

① 부의 계단편
돈의 맛을 알아야 부를 쥐게 된다

② 절약편
쌓이는 돈, 나가는 돈, 지키는 돈

③ 투자편
모으고 불리는 기술

4 인생편
부는 마인드에 있다

5 돈 공부편
돈 보는 눈이 뜨이는 4가지 공부법

★ ★ ★ ★

1

부의 계단편

——————— ·········· ———————

돈의 맛을 알아야
부를 쥐게 된다

돈의 맛

"니들이 게 맛을 알아?"

오래전 롯데리아 CF에서 나온 말이다. 아마 너는 너무 어려서 기억나지 않을 것이다. 너희는 CF를 보고는 햄버거를 사달라고 조르고, 정작 한 입 먹고는 입맛에 맞지 않는다며 더는 먹지 않았다. 햄버거의 맛처럼, 돈에도 맛이 있다. 아버지는 너희에게 먼저 묻는다. "니들이 돈맛을 아느냐?" 아버지는 너희가 돈맛을 제대로 모른다고 생각한다. 돈맛을 제대로 아는 것은 너희 엄마다. 돈맛을 알아도 너무 잘 안다. 그래서 아버지는 너희 엄마의 돈에 대한 욕망이 부담스러울 때가 있다.

어젯밤에도 너희 엄마는 아버지에게 돈맛에 대해서 두 시간 넘게 이야기했다. 퇴직한 지 한 달이 채 안 된 아버지에게는 자칫 오해의 소지가 있는 말이다. 아버지의 마음이 넓어서 다행이다. 아버지가 속 좁은 사람이었다면 '돈을 못 벌고 있다고 내게 이러는가?' 하고 오해할 수도 있었다. 참고하라고 말해둔다. 아버지는 퇴직한 지 한 달이 채 안 됐다. 아직까진 퇴직 배려 기간이다. 최소 6개월은 보장되어야 한다. 너도 최소 6개월의 보장 기간을 명심하고, 너희 엄마에게 살짝 흘렸으면 싶다. 그렇다고 너무 대놓고 말해선 안 된다. 너희 엄마가 아버지가 시킨 걸 눈치챌 수 있다.

지금부터 어젯밤에 너희 엄마가 구구절절 말했던 '돈맛'을 요약 정리해서 적는다. 엄마의 말로는 돈맛이 세 가지로 구분된다고 한다. 첫째, 아끼는 맛이다. 둘째, 잘 쓰는 맛이다. 셋째, 모으는 맛이다. 이 아버지가 보기엔 그 말이 그 말 같은데, 엄마는 세 가지가 전혀 다른 맛이라고 강조한다. 음식의 깊은 맛은 먹어본 사람만이 알 수 있다고, 아직 아버지는 돈을 맛본 적이 없어서 모른다고. "똑같은 맛 아니야?" 하고 한 마디 했다가, 열 마디 넘게 말을 들었다.

다음은 너희 엄마가 강조하는 '돈맛'이다. 엄마가 직접 경험한 맛을 정리해서 요약한 것이니, 네 경제 감각에 넣어두면 유용하게 쓰일 것이다. 마음에 새겨 두어야 한다.

첫째, 돈 아끼는 맛이다.

네 엄마는 "집 안 모든 물건이 돈이다."라고 말한다. 물건을 아끼는 맛이 바로 '돈 아끼는 맛'이라고 한다. 엄마가 매일 집에서 입고 있는 그 검정 치마와 누런 셔츠, 아버지가 가위로 조각조각 잘라버리겠다고 했던 그 옷. 그 옷은 아버지가 신혼 때 사준 옷이다. 엄마는 20년 넘게 그 옷을 입고 있다. 그러면서 돈을 아끼는 맛은 오랜 친구와 나누는 대화 같은 맛이라고 했다. '아끼는 돈맛'은 편안하고 그윽하다고 했다. 할머니가 끓여주는 청국장의 맛이라고 했다. 아버지는 솔직히 돈 아끼는 맛과 청국장 맛을 연결하지 못했다. 아직 그 정도의 경지에는 이르지 못했다. 솔직히 잘 모르겠다.

둘째, 돈 잘 쓰는 맛이다.

가성비와 가치 소비가 있다. 요즘 마케팅 전문가들 사이에서 유행하는 말이다. 너희 엄마는 이 말뜻을 오래전에 알았다. 너희 엄마는 결혼 초부터 돈 대비 가치를 따져서 물건을 사야 한다고 했다. 그래서 물건을 살 때 세 가지를 스스로 물어본다고 한다. 이 물건이 정말 필요한가? 이 물건이 그 필요에 적합한 물건인가? 이 물건이 필요 대비 적정한 가격인가? 이렇게 너희 엄마의 선택 기준은 엄격하다.

그래서 네 엄마는 외식을 나가면 아버지와 자주 언쟁했다. 아버지가 사람 수에 맞춰 고기 4인분을 시키려고 하면, 너희 엄마는 3인분이면 충분하다고 한다. 종업원 앞에서 서로 실랑이 벌이다가 결국 언쟁으로 이어진다. 너희는 다시는 가족과 외식을 하지 않겠다고 돌아오는 차 안에서 씩씩거렸다. 너희 엄마는 너무 촘촘했고, 이 아버지는 너무 느슨했다. 아버지는 '돈 잘 쓰는 맛'도 아직 모른다. 너희 엄마가 돈주머니를 차고 있어서, 어쩔 수 없이 따라가고 있을 뿐이다. 돈 잘 쓰는 맛은 '자린고비의 굴비 맛'이라고 한다. 아버지도 아끼는 돈맛은 짜고 구린내 나는 맛이라는 생각이다. 아버지는 이 맛도 즐길 수 있는 수준은 아니다.

셋째, 돈 모으는 맛이다.

한 달에 200만 원을 모으면, 1년에 2,400만 원이고, 5년이면 1억 2000만 원이다. 너희 엄마는 그렇게 모은 돈에 은행 대출금을 더해 2004년 결혼 5년 만에 구리시에 있는 24평짜리 아파트를 샀다. 엄마는 아버지의 월급 중 200만 원을 무조건 떼어 저축했다. 지금까지 25년 동안 아버지의 월급으로만 6억 원 넘게 모았다. 모은 돈은 그냥 산술적으로 적어둔 것이고, 너희 엄마는 그 숫자를 넘는 금액을 모았다. 모으는 돈은 산술 평균을 뛰어넘는 힘을 가지고 있다고 한다. 너희 엄마는 종잣돈을 모으고 아파트에 투자해서 돈이 불어나는 맛을 좋아했다. 엄마는 이 돈맛을 '삭힌 홍어애탕의 맛'이라고, 한 번 맛을 들이면 끊을 수 없다고 했다. 돈의 다른 맛은 몰라도, 아버지는 돈의 홍어애탕 맛은 좋아한다. 퇴직 후에 돈 안 되는 글을 쓸 수 있는 토대가 된 건 바로 돈의 홍어애탕이 준 혜택이다. 너희 엄마가 끓여낸 홍어애탕 같은 돈맛으로 아버지는 오늘도 살고 있다.

아버지는 온 힘을 다해 어제 너희 엄마의 말을 일목요연하게 요약했다. 너희도 알고 있을 것이다. 너희 엄마는 말할 때 상대방은 고려하지 않고 머릿속에 생각나는 대로 막 쏟아낸다. 그래서 말의 갈피를 잡기 쉽지 않다. 아버지나 되기 때문에 이 정도로 너희 엄마의 말을 정리해서 쓸 수 있다. 아버지는 정신을 바짝 차린 채 엄마의 말을 순화하고, 논리적인 기준으로 나누어 이렇게 적을 수 있었다. 이 글은 너희 엄마의 주장이 좋은 것도 있지만, 아버지의 이해력이 좋아서 완성된 것이다. 엄마는 감각적인 실행파이고, 아버지는 분석적인 이론파이다. 너희가 엄마의 감각과 아버지의 논리를 둘 다 가졌으면 좋겠다.

오늘의 글을 정리한다. 오늘은 돈맛을 모르는 너희에게 돈 본연의 맛을 느끼게 해주고 싶었다. 그래서 본연의 돈맛을 맛볼 수 있기를 바라는 마음이다. 돈에도 맛이 있다. 그 돈맛은 돈의 크기가 아니다. 10원이든 100원이든 100만 원이든 중요하지 않다. 돈이 차곡차곡 쌓이는 비밀의 맛이다. 남들은 모르는 자기만의 기쁨이다. 이런 돈의 맛을 알아야지, 돈을 벌 수가 있다. 음식도 먹어 본 사람이 그 맛을 아는 것처럼, 돈도 모아 본 사람이 돈맛을 알 수 있다. 자주 돈맛을 경험해야 한다. 아끼는 맛, 잘 쓰는 맛, 모으는 맛을 자주 경험해야 한다.

사람마다 미각이 다르듯이 돈을 대하는 맛도 다 다를 수 있다. 어떤 사람은 처음부터 돈의 감각이 뛰어나다. 너희 엄마가 그렇다. 하지만 아버지처럼 타고난 감각은 떨어지지만, 노력으로 감각을 기르는 사람도 있다. 둘째인 너는 엄마를 닮아서 돈의 감각을 타고났다. 하지만 너희 형은 아버지를 닮아서 노력해야 한다. 아버지가 너보다 형을 "아들아." 하고 많이 부르는 이유다. 너를 부르지 않는다고 섭섭해할 이유가 없다. 자주 안 부르는 것이 좋은 것이다. 아들아, 너는 이 아버지의 마음을 잘 알고 있을 것이라고 생각한다.

사랑한다. 아들아.

밥에 눈을 떠라

너희 엄마는 늘 우리보다 늦게 밥을 먹는다.

어느 날이었다. 너희 엄마가 우리에게 먼저 밥을 차려주고, 빨래를 하기 위해 욕실로 갔다. 그리고 빨래와 욕실 청소를 다 마치고서야 밥을 먹었다. 냉동고에 얼려놓은 찬밥을 전자레인지에 데워서, 우리가 먹다 남긴 열무김치와 식어버린 튀김 3개, 스팸 2조각으로 늦은 아침을 먹고 있었다. 우리가 후식으로 단감과 감귤을 먹을 즈음이었다. 아버지는 그때 물을 마시려고 고개를 돌리다가 보았다. 다 해어진 치마에, 빨래하다 젖은 티셔츠를 입고 홀로 밥을 먹는 너희 엄마의 뒷모습을 말이다.

너희 엄마는 밥을 다 먹으면, 그릇을 모아 설거지를 한다. 설거지를 마친 티셔츠는 젖어있고, 거기에서는 반찬 찌꺼기 냄새가 난다. 또 너희 엄마의 입에서는 김치 냄새가 난다. 너희 엄마도 산뜻하게 살고 싶지 않겠는가? 구질구질함과 산뜻함의 경계에 너희 엄마의 고달픔이 있다. 인생은 멀리서 보면 아름답지만, 가까이 다가가면 일상의 얼룩이 자욱하다.

너희 엄마의 밥은 소소한 일상으로 얼룩져 있다. 그 구질구질한 일상으로 우리는 지금껏 살아왔다. 너희 엄마의 소소한 일상에 얼룩이 없었다면 지금의 우리는 없다. 누군가의 뒷모습이 쓸쓸하게 보이면, 그 사람을 진정으로 사랑하게 된 거라고 한다. 아버지는 나의 아내, 너희 엄마의 뒷모습이 쓸쓸하다.

밥에는 밥물이 아니라 눈물이 담겨있다고 한다. 너희 엄마의 구질구질한 밥 먹기에도, 이 아버지의 밥벌이에도 눈물이 담겨있다. 아들아, 나는 네가 밥의 가치와 밥의 눈물을 깨우치길 바란다. 밥은 경제의 핵심이다. 경제생활이란 밥을 벌고, 밥을 먹는 행위이다. 또 우리 삶은 밥이라는 경제적 토대 위에 서 있는 건축물이다. 우리 삶은 일과 노동을 통해서 밥을 만들어가는 과정의 연속이다.

모든 부모는 자식이 배곯지 않도록, 자신을 팔아 밥을 번다. 개인의 역사란 밥을 벌기 위해 끊임없이 자신을 증명하는 과정이다. 밥은 노동에서 나왔다. 농업 사회에서는 주로 몸으로 하는 일, 산업혁명 이후에는 머리에 의한 노동, 즉 기술이 밥을 만들었다. 그러다가 금융 자본주의 시대가 오면서 노동의 역할은 축소되고 자본의 역할이 커지기 시작했다. 이제는 몸도 아니고 머리도 아니고, 사람이 만든 자본이 사람의 밥을 만들고 있다. 자본이 노동을 대체하고 있다. 몸과 머리로 일해서는 점점 더 먹고살기 힘든 세상이다. 이제는 돈이 돈을 벌어 밥을 먹여주는 시대다. 밥의 모양이 이렇게 돈으로 변했다. 우리가 먹고 살자고 돈을 버는데, 사람 위에 그 돈이 앉았다. 사람을 위한 돈인지, 돈에 종속된 사람인지 알 수 없는 세상이다.

나는 이 사실이 너무도 안타깝고, 너무도 슬프다. 그러나 어쩔 수 없다. 현실을 받아들이고, 최선을 다하는 수밖에 없다. 돈을 알지 못하면 살기 어려운 세상이니, 돈 공부에 매진할 따름이다.

이 책은 아버지가 줄 수 있는 가장 따뜻한 밥이다. 아버지의 마음에서 오래 품고 있다가 꺼내서, 아버지의 온도가 담겨있다. 아버지와 엄마는 너희에게 지금껏 따뜻한 밥을 차려주었다. 밥을 차리기 위해 기꺼이 구차해졌다. 그러나 그 밥도 부모 품에 있을 때뿐이다. 아버지가 너 스스로 경제 공부하라는 이유다.

너희에게 도움이 되도록, 또 아버지가 없어도 너희가 스스로 공부해 나갈 수 있도록 이 책에 아버지의 모든 것을 쏟고 있다. 너희에게 피가 되고, 살이 되길 바랄 뿐이다.

사랑한다. 아들아.

'자'로 시작해 '가'가 되어라

"아버지, 나 요즘 힘들어요. 군대도 이렇게 힘든데, 아버지는 직장생활 25년을 어떻게 버텨내셨어요?"

전화를 끊고 난 후 오랫동안 너의 말을 곱씹어 보았다. 과연 25년을 어떻게 버틸 수 있었을까? 너의 말이 귓가에 남아서 계속 맴돈다. 견뎌낸 것, 그 자체만으로 스스로 대견하다는 생각이 들기도 한다. 그러나 견딜 수 있는 원동력이 무엇인지까지는 미처 생각이 이르지 못한 상태이다. 솔직히 25년이라는 시간을 어떻게 견뎠는지 모르겠다. 그리고 원동력이 무엇인지는 더더욱 모르겠다. 그래서 아버지도 무척 궁금해졌다. 그런 마음으로 아버지의 직장생활 25년을 정리하기로 했다. 아버지의 밥벌이 이야기는 장르로 말하면, 히어로물이 아니라 블랙 코미디에 가까웠다.

너희는 아버지처럼 근로자의 인생을 살지 말아라. 아버지는 너희가 근로자로 살아가길 원치 않는다. 너희가 블랙 코미디의 삶을 살길 원치 않기 때문이다. 노동자의 생활은 웃프다(웃기지만 슬프다)는 걸 아버지는 너무나 잘 알고 있다. 너도 직장인의 비애가 무엇인지 들은 적이 있을 거다. 비애의 사전적 의미는 슬퍼하거나 서러워함, 그런 것이다. 그러나 직장인의 비애는 다른 말로 표현할 수 있다. 직장생활의 비애는 '더럽고, 구차하고, 부끄러운' 그런 것이다. 아버지의 용어 사전에는 직장인의 비애를 구차하고 부끄러운 감정이라고 적어 두었다.

〈나의 아저씨〉라는 드라마가 있다. 가족과 밥벌이에 얽힌 직장인의 비애를 잘 표현한 드라마였다. 아저씨 삼 형제가 주인공이다. 여기에 작은 회사에 다니다가 퇴직한 형, 건설회사 부장인 둘째, 한때 영화감독이었던 셋째가 등장한다. 형과 동생은 백수로 생활하다가 청소 서비스 일을 새롭게 시작한다. 오늘 하려는 이야기는 형제가 건물 청소를 하다가 일어난 장면이다.

어느 날 동생 없이 형만 혼자서 건물 청소를 했다. 형은 실수로 계단으로 물을 흘려 건물주의 옷을 더럽힌다. 건물주는 형에게 무릎을 꿇고 사과하라고 요구한다. 형은 사업권을 포기할 수 없어서 무릎을 꿇는다. 그때 하필이면 어머니가 도시락을 주려고 왔다가, 그 무릎 꿇은 광경을 몰래 보게 된다. 형은 건물을 나오다가 어머니가 두고 간 도시락을 발견한다.

"건물주에게 무릎 꿇었지. 노인네가 못 보았겠지 했지. 그런데 집에 갔는데, 노인네가 날 보고 웃어. 다 본 거야. 다 본 거야."

형은 두 동생에게 이야기하다가 결국 엉엉 소리를 내면서 오열한다. 아들아, 아버지도 가끔은 직장에서 일하면서 속으로 말했다.

'너희가 모르면 된다. 나 혼자만 알고 견디면 그만이다. 너희만 모르면, 나 혼자서 삭이고 일하면 된다. 월급에 욕값이 포함된 거다.'

이 아버지는 너희가 근로자로 살아가는 걸 원치 않는다. 네가 혼자서 그런 비애를 감당하는 모습, 생각만으로도 가슴이 아프다. 그래서 근로자 아닌 사업가와 자본가로 살아가길 바란다. 그래서 경제 공부해야 한다고 거듭 강조하고 있다. 자본주의 사회에서는 경제 지식이 없으면, 단순한 노동으로 살아가야 한다. 너만은 노동자의 삶에서 벗어나, 자본가의 삶을 살아가기 바란다. 아버지는 너로 인해 이기적인 인간이 되었다. 이 사회공동체의 질서보다, 내 자식의 행복을 더 바라고 있다. 아버지는 이기적인 인간이 되어도 상관없다. 네가 편안한 삶을 살아갈 수 있다면, 그것은 대수롭지 않다.

지금부터 경제 관점으로 본 직업에 대해서 말하겠다. 먼저 직업, 즉 밥벌이가 무엇인지 알아야 한다. 직업의 본질은 돈이다. 돈을 버는 것이 직업의 본질이다. 흔히 직업은 잡Job, 커리어Career, 미션Mission이라고 이야기한다. 잡은 돈을 버는 일로서 직업이다. 커리어는 경력이 쌓이는 일로서 직업이다. 미션은 신이 부여한 사명, 천직으로서 직업이다. 교육자들은 미션을 수행하는 마음으로 일하라고 말한다. 그러나 아버지 생각은 다르다. 직업은 처음부터 돈 버는 일이 핵심이고, 자아실현은 그 일을 하다가 발생하는 부수적인 결과물이다. 직업은 돈 버는 일이 본질이고 핵심이다. 본질을 잃어버리면, 모든 건 허상이다.

직업은 돈 버는 것, 바로 밥벌이가 핵심이다. 아버지의 말을 명심해라. 학자들이 말하는 직업관에 속지 말고, 이 아버지가 분류하는 직업관으로 공부하길 바란다. 아버지는 딱 두 가지로 직업을 구별하고 있다. 하나는 '가家'이고, 다른 하나는 '자者'이다. '가'와 '자'는 그곳에 종사하는 사람을 부르는 호칭에서 의미를 가져왔다. 한자 문화권에서는 호칭 끝자리에 조사를 달아서 직업의 성격을 표시한다.

첫째, '가'는 사업가 또는 자본가이다.

사업가의 '가'는 한자로 '家'라고 쓴다. 그의 직업이 '가문'을 이룰 정도로 경지가 높아졌다는 의미이다. 그래서 사람들이 사업가를 부르는 호칭 뒤에는 '님'자를 붙인다. 사장님, 회장님이라고 반드시 '님'자를 붙인다. 지금부터 하는 말이 제일 중요하다. 사업과 자본은 '상속과 증여'가 가능하다. 즉 사업가 가문이 되거나 자산가 가문이 되면 자손 대대로 '돈 버는 걱정'이 없다는 말이다. 가족을 중심으로 '부'의 연속성을 유지할 수 있다는 말이다. 이것 때문에 돈은 누군가에게 악마가 되기도 하지만, 누군가에게는 천사가 되기도 한다. 가장 확실한 '아버지 찬스'는 돈의 '증여 또는 상속'이다.

둘째, '자'는 기술자 또는 노동자이다.

노동자의 '자'는 한자로 '者'라고 쓴다. 그의 직업이 '가문'을 이루지 못하고 개인의 밥벌이 정도라는 의미이다. 그래서 사람들이 노동자를 부르는 호칭 뒤에는 '씨'자를 붙인다. 정 씨, 이 씨, 박 씨라고 '씨' 자를 붙여 말한다. 그리고 제법 성공한 기술자에게는 '사'자를 붙인다. 판사, 검사, 세무사, 의사, 약사 등으로 부른다. 그러나 그들은 자기 당대에만 사용 가능한 자격증의 소유자로 '증여 또는 상속'이 불가능하다. 아버지가 검사여도, 자식은 열심히 공부해서 '고등고시'에 통과해 자격증을 얻어야 검사가 된다. 당대에는 조금 편하게 살아가지만, 그의 자손은 맨땅에서부터 다시 시작해야 한다. 돈의 날줄과 씨줄이 이미 꽉 짜

여진 금융 자본주의 사회에서, 출발점의 격차는 더 벌어지면 벌어지지 절대 좁혀지지 않는다.

직업을 수만 가지로 말하지만, 크게 '가家'의 직업과 '자者'의 직업 둘 뿐이다. 가家는 '사업체와 자본'에 바탕을 둔 직업이고, 자者는 '자격 증과 노동'에 바탕을 둔 직업이다. 어리석은 사람들은 '좋은 기술자, 능력 있는 기술자'의 역할을 잘 못했다고, 힘들어하거나 푸념한다. 직장에서 잘리지 않을까 걱정하며 평생 전전긍긍한다. 너는 어리석게 너의 시간과 의지를 낭비하지 않도록 해라. 지금 군 생활이 힘들다는 너의 푸념도 마찬가지다. 군대는 대표적인 '기술자와 노동자의 삶' 형태이다. 그곳에서는 공동체 생활 방식을 익히는 수준으로 해라. 그 이상 너를 괴롭히는 건 어리석다.

제대하고 이 아버지랑 같이 실질적인 경제 공부, 인생 공부에 매진하면 된다. 너에게 훌륭한 스승은 못 되지만, 같이 뛰어주는 페이스메이커는 될 것이다. '가家'의 길을 같이 걸어갈 수 있는 몸과 마음의 근력만 단단히 쌓으면 된다.

걱정하지 마라. 이 아버지가 네 옆에 있다.

사랑한다. 아들아.

부의 계단에 올라라

전문가들은 너희에게 복잡한 지식을 가르친다. 그렇게 복잡하게 가르쳐야 오래 가르치고, 밥벌이를 길게 할 수 있기 때문이다. 너희가 깊게 쳐다보면, 본질은 생각보다 단순하다. 배움에 있어서 중요한 건 목적이다. 본질을 명확하게 깨우치려면 명확한 목적을 가지고 배우면 된다. 목적을 가지는 것, 그 하나만으로도 배움의 깊이가 확연하게 달라진다.

오늘은 돈의 원리를 계단에 비유해서 설명하려고 한다. 계단이란 사전적 의미로 사람이 오르내리기 위하여 건물이나 비탈에 만든 층층대를 말한다. 높은 곳으로 쉽게 올라가는 계단처럼, 돈도 올라가는 계단이 있다. 그 순서대로 올라가야 부의 스카이라운지에 다다를 수 있다.

너도 돈의 계단을 밟아가는 과정을 알아야 한다. 돈의 계단은 나이에 따라 배우고 익히는 실천 과제가 달라진다. 나이별로 각기 다른 돈의 계단을 배우는 시간이다. 사람들에게 돈은 네 개의 계단으로 구성되어 있다. 돈을 네 계단으로 나누는 기준은 사람의 생애 주기이다. 사람의 인생은 아동기, 청년기, 장년기, 노년기로 나뉜다. 그 시기별로 돈의 계단이 따로 있다. 보통 생애 주기는 인간의 연령대별로 구분하나, 나는 인간의 경제생활로 구분하겠다. 아동기는 돈을 벌지 않고 소비만 하는 시기, 청년기는 근로 소득을 버는 시기, 장년기는 사업 소득을 버는 시기, 노년기는 자본 소득을 성취한 시기이다. 순서대로 차근차근 이해해가는 것이 왕도다. 결코 딱딱한 이론처럼 어려운 것이 아니다. 편안한 마음으로 따라오고, 대신에 집중하도록 해라.

첫째, 아동기는 돈의 소비 원리를 깨우치는 시기다.
이 시기는 사회에 진출하기 전 단계에 해당한다. 즉 출생부터 20대 중반까지의 기간이다. 이 시기는 돈을 버는 원리를 배우는 것이 아니다. 돈을 쓰는 원리, 소비의 원리를 배우는 시기다. 부자는 돈을 버는 법보다 쓰는 법을 아는 사람들이다. 아들아, 돈은 버는 법보다 쓰는 법이 중요하다. 이 시기에 쓰는 법을 제대로 배우지 못하면, 평생 돈 쓰는 법을 배우지 못한다. 세 살 버릇 여든까지 간다고, 한 번 잘못 들인 습관은 바꾸기 어렵다. 처음부터 제대로 배워서 좋은 습관을 들이도록 해야 한다. 돈을 쓰는 법을 통해서 사실은 기초적인 돈의 원리를 배우고 훈련하는 것이다. 이 시기에 돈의 기본이 되는 소비 원리가 무엇인지 탄탄하게 배워야 한다.

소비 속 기본 원리는 소득 속 기본 원리와 일맥상통한다. 그러니 돈을 쓰는 법을 탄탄히 배우면, 돈 버는 법도 자연스럽게 터득하게 된다. 그래서 돈의 고수인 유대인은 어릴 적부터 돈 쓰는 법을 체계적으로 가르친다. 아버지가 너희 어릴 적에 소비를 잘 가르쳐주지 못한 듯해서 이렇게 경제 공부하는 방법을 글로 남겨두는 것이다.

둘째, 청년기는 근로 소득에 집중하는 시기이다.

이 시기는 20대 중반부터 40대 중반까지다. 청년기에 비로소 돈 버는 원리를 처음으로 배운다. 아동기에 돈 쓰는 법을 탄탄하게 익히면, 돈을 버는 법의 기초적인 토대는 자연스럽게 형성된다. 돈을 버는 방법은 처음에는 근로 소득부터 시작한다. 이 시기에 고정적인 월급으로 종잣돈 모으는 원리를 깨우쳐야, 적은 돈이 쌓여 큰돈이 되는 원리를 배울 수 있다. 청년기에는 철저하게 근로 소득의 원리에 대해서 익혀두어야 한다. 왜냐하면 이 근로 소득을 통해서 사실은 사업 소득을 배우는 시기이기 때문이다. 근로 소득은 사업 소득의 뿌리가 된다. 직장

생활하면서 노동에 치여서, 자기가 몸담은 사업이 어떤 원리로 돈을 버는지조차 깨우치지 못하는 경우가 많다. 사업 소득의 기초 원리를 배울 기회를 놓친 것이다. 너는 근로 소득을 버는 순간에 사업 소득의 원리를 깨우치도록 해야 한다. 아버지는 직장이란 돈 받고 배우는 학교라고 생각한다. 학교가 돈 내고 배우는 공간이라면, 직장은 돈 받고 배울 수 있는 공간이다. 힘이 조금 든다고 요령 피우지 말도록 해야 한다. 돈 받고 배움을 가지는 곳이 직장이다. 이 시기에 근로 소득의 원리를 깨우쳐야 40대 중반 이후 비로소 사업에 뛰어들 수 있다.

셋째, 장년기는 사업 소득에 집중하는 시기다.

이 시기는 40대 중반부터 60대 중반까지이다. 직장에서 익힌 노동의 원리를 기본 토대로 비로소 사업을 펼쳐 나가는 시기다. 아동기에 소비의 원리, 청년기에 근로 소득의 원리를 탄탄하게 배운 사람이 뛰어들어야 성공한다. 기초가 탄탄하지 못한 상태에서 뛰어드는 건 위험하다. 이 시기는 가장 위험한 때고, 그래서 가장 수입이 높을 때이기도 하다. 이때 명심할 것은 자기 자본만 가지고 생계형 창업하는 것은 위험하다. 핵심은 남의 돈을 투자받아서, 법인으로 주식회사를 설립하는 데 있다. 이 시기가 가장 파란만장하고 격동적인 돈의 계단이다. 이 아버지는 바로 그 계단 앞에 있다. 준비가 철저하지 못한 것이 아버지는 조금 후회된다. 좀 더 일찍 돈의 계단 원리를 깨닫지 못한 것이 후회된다. 또한 약간 늦었다는 것도 걱정이다. 40대 중반에 사업 소득을 버는 길로 뛰어드는 것이 현명했다. 아버지는 너무 오랫동안 근로 소득에 안주했다. 그러다가 사업을 제대로 익히지도 못한 채 50대에 퇴직했다. 솔직히 지금 사업에 어떻게 접근해야 하는지 막막하다. 아들아, 너는 근로 소득을 버는 시기에 꼭 사업 소득을 준비해두어야 한다. 아버지처럼 후회하지 말고, 사업 소득을 올릴 준비를 단단히 해야 한다.

넷째, 노년기는 자본 소득에 집중하는 시기이다.

60대 후반부터 무덤으로 들어가는 그날까지다. 이 시기는 자본 소득의 시기다. 아들아, 사람의 몸과 뇌는 노화한다. 이것은 자연의 원리다. 어쩔 수 없다. 그 사실을 받아들이고, 몸과 뇌의 수준에 맞추어 노년의 삶을 살아가야 한다. 그래서 노년기에는 지나치게 몸을 쓰거나 머리를 쓰는 것이 자칫 화를 부른다. 몸과 머리가 아니라 돈이 힘을 쓰는 시기다. 그래서 돈이 있어야 한다. 노년기는 자본 소득의 시기다. 자본 소득을 토대로, 좀 더 여유롭고 평안한 삶을 살아가는 시기다. 돈을 버는 건 돈에게 맡기고, 산으로 강으로 풍경 속에서 삶의 진정한 의미를 즐겨야 한다. 노년기에 뒤늦게 아동기의 소비를 배우고, 청년기의 근로 소득으로 몸을 고달프게 하고, 장년기의 사업 소득으로 머리를 고달프게 하는 건 수명을 재촉하는 일이다. 자본 소득으로 삶의 여유를 즐길 수 있도록 모은 돈이 있어야 한다.

오늘 공부한 돈의 계단을 정리하면 이렇다. 첫째, 아동기는 돈의 소비 원리를 깨우치는 시기다. 둘째, 청년기는 근로 소득에 집중하는 시기이다. 셋째, 장년기는 사업 소득에 집중하는 시기다. 넷째, 노년기는 자본 소득에 집중하는 시기이다.

너희는 지금 아동기의 소비를 벗어나 근로 소득을 익혀야 하는 시기에 있다. 아동기에 배워야 하는 돈의 소비 원리를 마무리 공부해 두고, 근로 소득으로 뛰어들 준비를 단단히 해야 한다. 취업 시장도 한겨울이다. 근로 소득으로 돈을 버는 일도 만만치 않다. 그렇다고 취업의 어려움을 피하려고, 바로 사업 소득으로 가려고 해선 안 된다. 돈의 계단은 순서대로 밟고 가는 것이 좋다. 한 번에 두 단계를 오르려는 시도는 위험하다. 자칫 잘못하면, 밑바닥으로 떨어져서 처음부터 다시 올라와야 한다. 차근차근 시기에 맞추어 계단을 올라가야 한다.

이 아버지는 근로 소득의 계단에 조금 오래 머무른 듯하다. 아버지도 몸과 마음을 빨리 추스르겠다. 지금부터 사업 소득의 계단을 딛고 올라서겠다. 너희도 앞에 놓인 계단을 잘 밟고 올라서야 한다. 넘어지지 않는 것이 무엇보다 중요하다.

사랑한다. 아들아.

전·월세와 부의 사다리

집값 폭등으로 서민은 부의 사다리를 잃어버렸다. 전셋값 폭등으로 서민은 주거의 사다리를 잃어버렸다. 그리고 전세가 월세로 전환되면서, 서민은 오랫동안 도시의 반지하를 전전하게 되었다.

눈의 종류는 두 가지가 있다. 싸락눈과 함박눈이다. 먼저 싸락눈은 내리자마자 녹아버린다. 제대로 눈송이를 맺지 못한 채 잘게 부스러진 쌀처럼 내린다. 결국 땅 위에 쌓이자마자 스르르 녹아버려서 흔적을 찾을 수 없다. 다음 함박눈은 내리면서 땅 위에 차곡차곡 쌓인다. 눈의 결정이 서로 달라붙어 제대로 눈송이를 형성해 내리는 눈이다. 기온이 낮지 않은 따뜻한 땅 위에서도 소복소복 쌓여간다. 함박눈은 적당한 수분을 머금은 눈송이가 쌓여 있어서, 눈덩이를 만들기에 좋다. 사람들은 함박눈을 단단히 뭉쳐서 눈밭 위에서 굴린다. 땅 위에 쌓인 눈과 잘 뭉쳐져, 눈덩이 두 개를 쉽게 만들 수 있다. 큰 걸 아래에, 작은 걸 위에 올려서 눈사람을 만든다. 너도 어렸을 때 자주 만들어서 잘 알고 있을 것이다.

돈도 눈처럼 두 가지 종류가 있다. 싸락눈 같은 돈과 함박눈 같은 돈이다. 싸락눈 같은 돈은 생기자마자 바로 녹아버린다. 우리는 흔히 그 돈을 비용이라고 한다. 비용은 생기자마자 바로 사라지는 돈이다. 의식주 생활비로 쓰이는 돈이 바로 비용이다. 먹어서 사라지고, 입어서 해어지고, 자주 써서 없어진다.

서민은 의식주 비용의 비중이 높은 사람들이다. 서민의 주머니는 녹아버리는 돈으로 채워져 있다. 반면에 부자는 의식주 비용의 구성비가 매우 낮다. 부자는 주머니에 쌓이고 스스로 불어나는 돈이 가득한 사람이다. 함박눈 같은 돈은 내리면서 주머니에 차곡차곡 쌓이는 돈이다.

우리는 그 돈을 저축이라고 한다. 저축은 매월 월급에서 남은 돈을 쌓아나가는 것을 말한다. 우리가 안 먹고, 안 입고, 안 써서 모은 돈이 여기에 해당한다. 서민은 저축한 돈으로 미래의 삶을 설계할 수 있다. 서민들은 이렇게 쌓인 돈으로 돈뭉치를 만들 수 있다. 저축한 돈은 적당한 결착으로 종잣돈으로 만들기에 좋다. 서민들은 저축한 돈 하나를 가운데 놓고 단단히 뭉쳐서 그 뭉치를 돈 위로 굴린다. 저축한 돈은 잘 뭉쳐져 종잣돈을 쉽게 만들 수 있다. 서민들은 그 종잣돈으로 바탕을 만들고, 전세를 올려서 안전 자산인 집을 살 수 있다. 그렇게 서민들은 가난의 굴레에서 벗어날 수 있었다. 예전엔 그랬다. 아버지는 눈에 비유해서 돈의 쓰임을 정리한다.

싸락눈 같은 돈은 '비용', 함박눈 같은 돈은 '저축'이다.
저축의 돈을 굴려서 종잣돈으로 커지면, 그것으로 집을 사면 '안전 자산의 돈'이 된다. 이런 돈의 쓰임 때문에, 서민은 비용을 줄이고 저축을 늘려서, 마지막엔 안전 자산을 확보하는 목표로 살아간다. 너는 '비용과 저축과 안전 자산'이라는 돈의 세 가지 종류를 알고, 그 돈의 성격에 따라 관리해야 한다.

지금부터 본론을 말한다. 눈과 돈을 비교한 것은 전세, 월세, 자가를 이야기하기 위한 비유였다. 지금부터 더 집중해서 들어야 한다. 집도 싸락눈 같은 집과 함박눈 같은 집이 있다. 먼저 싸락눈 같은 집은 사용하면서 돈이 녹아버린다. 우리는 그 집을 '월세'라고 한다. 매월 비용으로 사용해서, 돈이 녹아버리는 집이다. 월세는 오래 살면 살수록 돈이 더욱 없어진다. 서민이 가난의 굴레에서 벗어나려면, 먼저 월세에서 벗어나야 한다. 월세는 돈이 땅 위에 내려앉자마자 스스로 녹아버려서 흔적을 찾을 수 없는 집이기 때문이다. 너는 월세의 집을 가지려고 하면 안 된다.

다음은 함박눈 같은 집이다. 이 집은 사용하면 할수록 돈이 쌓인다. 우리는 그 집을 '전세'라고 한다. 전세는 매월 돈을 쌓아가는 저축의 집이다. 전세는 그 자체의 돈도 그대로 있고, 월세처럼 매월 녹아버리는 돈을 사용하지 않기 때문에 돈이 쌓이는 집이다. 전세 또는 자가에 살아야 녹아버리지 않고 쌓이는 돈뭉치를 만들 수 있다. 여기에 안 먹고, 안 입고, 안 써서 조금씩 모은 돈을 보태서 우리는 종잣돈을 만들 수 있다. 그래서 최소한 전세를 살아야 한다. 전세에 종잣돈을 보태서 자가를 마련해야 한다. 주거 사다리에 오르며, 종국에 내 집을 마련하는 것, 이것이 서민의 꿈이었다. 그 꿈이 지금은 사라지고 없다.

거듭 강조한다. 월세는 돈이 녹아버리는 집이다. 전세는 돈을 저축하는 집이다. 자가는 바로 안전 자산의 꿈이다. 이렇게 서민은 최소한 전세에 살면서 돈을 모을 수 있을 때, 자기 집 마련의 기틀을 만들 수 있다. '집값 폭등', '전셋값 폭등', '전세의 월세 전환'이라는 기사를 읽을 때, 서민들이 분노하는 이유가 여기에 있다. 여기에는 집값의 폭등으로 안전 자산인 집을 가질 수 없는 분노가 있다. 또한 전셋값 폭등으로 저축하는 집을가질 수 없는 분노가 있다. 전세의 월세 전환으로 돈이 녹아버리는 집에서 살아야 한다는 분노가 민란 직전에 이르렀다.

이런 경제 원리를 이해하고 주변을 봐야 한다. 근래에 집값이 폭등하고 전셋값이 폭등하자 강남에 직장인 한 달 월급에 해당하는 200만~300만 원 수준의 월세가 늘었다고 한다. 강남의 일이라고, 강 건너 불구경하듯 해서는 안 된다. 대부분 부동산 흐름은 최초에 강남부터 시작했다. 그 불길이 산불처럼 서울시 전역으로, 수도권으로, 지방 대도시로 순식간에 번져간다. 그래서 강남을 부동산 시장의 바로미터라고 한다. 월세 비용이 늘었다는 사실은 가계 비용 중 녹아 사라지는 돈이 늘었다는 의미다. 결국 서민이 오랫동안 도시의 반지하를 전전하는 경제 구조가 고착되었다는 의미다.

녹아버리는 돈이 늘어나면 서민은 힘들다. 소득은 뻔한데 고정 지출이 늘기 때문이다. 서민이 가난에서 벗어나려면 최소한 전세에서 살아야 한다. 전세는 돈이 저축되는 집이기 때문이다. 경제 원리를 제대로 이해하지 못한 사람들이 소수의 투기 세력을 잡아보겠다고 전세에 불을 질렀다. 불길이 서민의 초가삼간을 다 태우고 있다. 집값을 잡고, 전셋값을 잡겠다는 이유는 서민이었다. 그러나 불길에 의해서 화재 사고를 당한 건 서민이다.

나를 비롯한 많은 이들이 이 사실에 분노하고 있다. 하지만 오늘 분노를 표출해서는 안 된다. 그래서 마지막 한마디만 남기고 마무리하려고 한다. 100명의 경찰이 한 명의 도둑을 잡지 못한다는 말이 있다.

경찰 숫자를 늘리듯 '부동산거래분석원'을 만든다고 하던데, 서민이 도둑이 되지 않는 경제 구조를 만드는 데 힘쓰지 않고, 어찌 이리 어리석은 일을 지속하는지 모르겠다.

아들아, 녹아버리는 돈을 줄여 꼭 안전 자산을 이룩해라. 불길이 휩쓰는 곳, 폭풍우 치는 곳에서 안전 자산이 너를 지켜줄 것이다.

사랑한다. 아들아.

아파트를 갖고자 하는 것은 본능이다

사람에게 의식주는 가장 기초적인 경제생활의 토대다. 기본 경제 토대가 바로 서야 정신적인 풍요도 기대할 수 있다. 어떤 옷을 입을 것인가? 어떤 음식을 먹을 것인가? 어떤 집에서 살 것인가? 이 세 가지는 인류의 시초부터 함께한 경제적 삶의 근원적인 명제이다. 과학과 기술의 발전 역사는 결국 의식주 문제를 해결하는 과정이었다.

우리나라도 6·25전쟁 이후 의식주 문제를 해결하기 위해서 경제 발전에 매진해 왔다. 그리고 경제 발전을 통해 의식주의 토대를 굳건하게 쌓아온 나라로 손꼽는다. 그런데 요즘, '어떤 집에서 살 것인가' 라는 주거의 문제가 뜨거운 논쟁이 되고 있다.

"상가 전세방, 장관님은 살고 싶나요."

24번째 부동산 대책 발표 후 〈중앙일보〉 1면 머리기사다. 이 기사에서 상가 전세방, 장관님은 살고 싶냐는 질문을 받는 장관의 마음도 답답하고, 이런 문구로 머리기사를 크게 써놓은 신문사 편집국장의 마음도 답답하고, 이런 문구의 기사를 스마트폰으로 읽고 있는 서민들의 마음도 답답하고, 이런 문구를 여기에 글로 옮기는 아버지의 마음도 답답한 상황이다.

나는 기사를 읽으면서, 내 어릴 적 기억을 더듬었다. 나는 1960년 후반에 서울 미아리의 작은 산부인과에서 5남 1녀 중 셋째로 태어났다. 이런 말은 하기 싫지만, "나 때는 말이야."라는 말을 한번 해야겠다. 나는 말이다. 정말 힘들었다. 나 때는 제대로 살 만한 집도 없었고, 변변한 옷도 없었고, 먹을거리도 지독하게 없는데, 집마다 식구는 왜 그렇게 많았는지 우리 집도 할아버지와 할머니, 아버지와 어머니, 거기에 여섯 형제가 있었다. 식구가 자그마치 열 명이었다. 기본적인 토대인 의식주가 뭐 하나 제대로 된 것이 없었다. 나는 그런 가난한 시절에도 특별한 소망이 하나 있었다. 그것은 작아도 좋으니 나만의 방을 가져보는 거였다. 식구가 많아서 먹을 것이 모자라 배고픈 것도 참았고, 형들이 입고 주는 해진 옷을 입는 것도 참았고, 비가 오면 우산 없는 것도 견딜 수 있는데, 이상하게 나만의 공간이 조금도 없는 것만은 유독 견디기 힘들었다. 아버지는 어릴 적에 예민한 편이었다. 잠자리는 특히 더 예민했다. 가까운 친척 집에 놀러 가면 밤새 한숨도 못 잤다. 방에 낯선 사람이 같이 있으면 잠을 못 잤다. 직장생활 초년 시절에 연수라는 걸 가면 합숙을 했는데, 누군가 한방을 쓰는 것이 나는 너무 불편했다. 그 정도로 나는 예민했다.

그래서 나만의 방을 갖는 것이 소원이었다. 결혼하고 독립하면서 비로소 나만의 방을 가졌다. 그것이 나만의 소망이었을까? 형들도, 누나도, 동생도 모두 그랬다. 형제들 모두의 소망이었다. 매일 밤 한방에 서너 명씩 자면서 오늘은 어느 자리에서 잘 것인가로 실랑이하는 것도 하루이틀이지 참으로 힘겨웠다. 아무리 가족이지만, 나만의 독립된 공간을 갖고 싶은 건 어쩔 수 없다. 자기만의 방, 자기만의 독립적인 공간을 갖고 싶은 건 모든 사람의 소망이다. 그래서인지 나는 자기만의 방을 가지지 못했던 그 시절에 대한 보상심리로, 방이 넓고 많은 집을 좋아한다. 나는 2009년 네 식구가 구리시의 40평짜리 아파트에서 각자 방을 갖고 살 때가 가장 좋았다. 이렇듯 정도의 차이가 있지만, 사람은 자기만의 공간을 갖고 싶어 한다. 크거나 작거나 하는 문제가 결코 아니다.

모든 사람은 자기 이외에 누구에게도 보이고 싶지 않은 모습을 가지고 살아간다. 모든 사람은 혼자서 견뎌야 하는 인간 본연의 누추한 모습이 있고, 그것을 지켜주는 공간이 바로 자기만의 방이다.

모든 개인의 소망이 자기만의 방이라면, 모든 가족의 소망은 자기 가족만의 집이다. 그리고 사람들은 자기 가족만의 집으로 아파트를 선호한다. 자기만의 공간으로서, 아파트만이 갖는 장점이 있기 때문이다. 예전 도시 공동체에서는 아파트를 사람과 사람 사이를 단절시키는 주택의 상징처럼 여겼다. 그러나 나는 단절의 상징이 아니라 독립이 보장된 공간의 상징이라고 말하고 싶다. 도시라는 거대하고 빡빡한 곳에서는 반드시 가족이라는 공동체 단위마다 독립된 공간이 필요하다. 개인으로서 독립된 나만의 방을 갖고 싶은 마음처럼, 모든 가족은 독립된 자기 가족만의 공간인 아파트를 갖고 싶어 한다.

집은 독립된 공간으로서의 역할도 있지만, 주변 환경과 어우러짐도 중요하다. 이미 오랜 옛날부터 집은 터가 중요했다. 어디에 집이 있는가는 삶에 미치는 영향이 크다. 맹모삼천지교孟母三遷之敎라는 말이 있다. 맹자의 어머니가 맹자의 교육을 위해서 세 번 이사한 일화다. 묘지 근처에 살았더니 맹자가 상여와 곡성을 흉내내고, 저잣거리 근처에 살았더니 장사꾼 흉내를 내고, 서당 근처로 옮겼더니 비로소 글을 읽는 시늉을 했다는 맹자의 일화를 말한다. 환경의 중요성을 일깨우는 일화이다. 요즘 말로 바꾸면 초품아, 조망권, 역세권 등의 주거 환경이 중요하다는 의미다. 환경이 좋은 곳이면서, 한편으로는 안전 자산으로 투자 가치가 있는 아파트에서 살고 싶은 것이 모든 어머니의 마음이다. 이런 마음은 부동산 투기의 마음도 아니고 자기 가족만을 위하는 가족 이기심도 아니다. 그저 맹모삼천지교의 마음일 뿐이다. 교육으로 자식을 반듯하게 키우고 싶고, 집값이 오를 만한 곳에 살며 자식에게 조금이라도 더 재산을 남겨주고 싶은 게 모든 부모의 마음이다.

그래서 24번째 부동산 대책에서 상가 전세방, 호텔 전세방의 발표가 답답한 거다. 좋은 환경에서 자식을 키우고, 조금이라도 재산을 남겨주고 싶은 어머니의 마음을 몰라도 너무 모르기 때문이다. 불로소득을 바라는 마음이 아닌데, 왜 그렇게 오해를 하고 있는지 모르겠다. 한마디로 말하면, 상가와 호텔의 입지는 주거에 적합하지 못한 환경이다. 상거래가 이루어지는 장소는 맹자의 어머니가 말한 저잣거리로, 환경으로는 처음부터 맞지 않는다. 처음부터 주상복합구조로 설계한 건물이 아닌 이상, 상가와 호텔은 주거의 기능이 없다. 주방 시설이 없으니, 매일 배달 시켜 먹을 수도 없고, 참으로 난감하다. 사실 돈이 없어 서민이지만, 좋은 주거 공간을 원하는 마음까지 서민은 아니다. 서민도 공간 만족의 기준은 부자와 다름이 없다.

집이라는 곳은 잠만 자는 공간이 아니다. 우리 생활이 이루어지는 공간이다. 집이란 삶의 공간이다. 특히나 코로나19로 인하여 집에서 생활하는 시간이 늘어나고 있다. 삶에 있어 집이 절대적인 비중을 차지할 수밖에 없다. 당연히 안락한 주거 공간에 대한 욕구가 커질 수밖에 없다. 서민도 다 알고 있다. 서민의 눈높이도 부자와 다름없다. 그

눈높이에 맞춰 아파트에서 생활하고 싶어 한다. 그런 서민들의 심정을 왜 헤아리지 못할까? 다음에는 서민들이 편하게 삶을 누릴 수 있는 아파트 공급 대책이 나올 수 있을까?

위기는 교훈을 남긴다

"과거를 기억하지 못하는 이들에게 과거는 반복된다."

미국의 철학자이자 하버드대학교 철학 교수를 지낸 조지 산타야나의 말이다. 우리는 어떻게 잘못된 역사의 굴레에서 벗어날 수 있을까. 우선은 역사를 알아야 한다. 현재의 모습을 제대로 알 수 있는 유일한 방법은 과거의 역사를 제대로 아는 것이다.

경제도 이와 같다. 경제의 역사를 알아야 비로소 현재의 경제를 이해할 수 있다. 경제 역사를 모르고, 경제를 공부하는 것은 기본 원리도 모르면서 실전만 익히는 허튼짓이다. 현재 일어나고 있는 경제적 사건은 과거에서 왔고, 과거의 모습으로 반복된다. 그러니 중대한 역사적 사건은 반드시 기억하고, 그 의미를 되새겨야 한다. 뼈아픈 사건이라면 더더욱 기억해야 한다. 1997년 IMF 외환위기도 그러한 사건이다.

IMF 외환위기가 무엇일까. 이해가 쉽도록 우리 집의 부도 위기에 비유해 설명해 보겠다. 1995년 경제 전문가들은 서울시 집값이 폭등할 거로 예측했다. 그래서 우리는 1995년 10월 영혼을 끌어모아 10억 원 상당의 아파트를 사기로 했다. 우리가 모아둔 돈은 2억 원뿐이라서 나머지 8억 원은 8명의 지인에게 빌렸다. 우리는 지인 8명에게 돈을 갚기 위해서, 갚는 일자를 고려해 현금 보관 계획을 세워두었다. 그런데 우리 집의 소득이 줄고, 소비가 커지면서 보관한 현금이 줄어들었다. 돈을 갚아야 할 날짜가 돌아왔는데, 돈이 없었다. 어쩔 수 없이 은행에서 돈을 빌릴 요량으로 아파트 등기를 들고 은행에 찾아갔다. 은행은 우리 집 자산인 아파트 가격이 10억 원에서 5억 원으로 떨어져, 집을 담보로 빌려줄 돈이 없다고 한다. 하는 수 없이 1997년 12월 1일, 아파트를 5억 원에 팔아서 갚아주고, 3억 원의 빚을 진 채 파산 선언을 했다. 그래서 돈 빌려준 지인들이 우리 집에 와서 돈을 달라고 하는 것, 그러나 갚을 수 없는 것, 그것이 바로 '우리 집의 부도'다.

우리 집의 파산 과정을 그대로 국가에 적용하면 국가 부도 직전인,

IMF 외환위기를 이해할 수 있다. 우선은 국가 간 대차 관계에 사용되는 돈이 무엇인지 알아야 한다. 세계의 돈을 기축 통화라고 한다. 국가 간에는 기축 통화인 달러로 돈을 빌려주고 빌린다. 우리나라는 1995년 도로 건설과 댐 공사 등 경제 개발을 위해 10억 달러가 필요했다. 우리나라에 2억 달러가 있었고, 나머지 8억 달러는 일본과 유럽 국가에 갚아야 할 일자를 다르게 설정해 각 1억 달러씩 빌렸다. 돈을 갚기 위해서는 상환 일자를 고려한 '달러(외화) 보유액'이 있어야 했다. 그런데 우리나라의 경제 주체인 국가, 기업, 가정의 달러 소득이 적고, 달러 소비만 많아져 외화 보유액이 부족해졌다. 갚아야 할 일자가 왔는데, 보유한 달러가 부족해서 갚을 수가 없다. 그래서 국가는 IMF(국제통화기금)에 달러를 빌려달라고 요청한다. IMF는 금융 자본주의에 적합한 제도와 시스템으로 전환하면, 그때 돈을 빌려준다고 조건을 단다. 그러나 조건은 냉혹한 것이었고, 우리의 피와 살을 요구하는 불합리한 조건이었다. 우리나라는 뼈를 깎는 구조조정을 했고, 그 과정에서 온 국민이 고통과 절망에 허우적거렸다. 이것이 1997년 국가 부도 직전에 있었던, 바로 IMF 외환위기였다.

1997년부터 2000년 초까지 참으로 아픈 나날이었다. 부도난 회사가 속출했고, 그로 인해 실직자가 속출했고, 거리로 내몰린 아이와 노인이 생겨났고, 경제난으로 스스로 목숨을 버린 사람들이 부지기수였다. 국가가 부도 직전으로 내몰리면 서민이 얼마나 고통에 시달리는지를 보여준 가슴 아픈 사건이다. 그러나 IMF 외환위기는 그저 과거의 사건이 아니다. 역사적 기록으로만 도서관에 보관되어야 할 사건이 더욱 아니다. 지금도 IMF 외환위기는 우리 경제에 거대한 영향을 미치고 있다.

스스로 지켜낼 힘이 없으면 가장 중요한 권리, 즉 '주권'을 빼앗긴다. 국가도 기업도 개인도 마찬가지다. 물론 아버지도 엄마도 너도 마찬가지다. 세상은 권리의 평등이 아니라 박탈의 평등이 정확하게 지켜지는 정글이다. 1910년 힘의 논리에 의해서 대한민국의 국민 주권을 통째로 일본에 빼앗긴 것이 '경술국치'이고, 1997년 대한민국의 경제 주권을 통째로 빼앗긴 일이 'IMF 외환위기'라고 말할 수 있다. 경술국치가 국민 주권의 강탈이라는 것에는 아무런 이의가 없을 것이다. "설마 외환위기가 경제 주권의 강탈이라는 말은 사실이 아니겠죠?" 네가 반문하겠지만, 경제 주권을 강탈당한 것이 맞다. 설마가 아니고 사실이며, 외환위기로 대한민국은 경제 주권을 빼앗겼다고 말할 수 있다.

이후 IMF와 미국 재무부의 영향력이 우리 경제의 핵심을 장악했고, 지금도 여전히 영향권 내에 있기 때문이다. 군사적 침탈은 눈에 보이지만, 경제적 침탈은 눈에 보이지 않기 때문에 착각하고 있는 것뿐이다. 대한민국 헌법 제 1조 2항은 "대한민국의 주권은 국민에게 있고, 모든 권력은 국민으로부터 나온다."라고 되어 있다. 국가는 국민으로부터 나오는 그 주권을 현대사 100년 안에 벌써 두 번씩이나 빼앗겼고 그때마다 국민을 절망의 구렁텅이에 빠뜨렸다. 우리는 1910년 일본에 국민 주권을 빼앗겼고, 1997년 IMF 외환위기에 경제 주권을 빼앗겼다. 이유는 하나다. 힘이 없었기 때문이다. 이미 구시대의 유물이 되어 버린 애국심을 고취하려고 너에게 이런 말을 하는 것이 아니다. 오직 네 힘으로, 너 자신을 지켜내는 힘을 기르라는 말을 하고 싶어서다.

이어서 'IMF 외환위기'에 대해서 얘기하려고 한다. 어제 점심을 먹다가 너는 말했다. '나를 죽이지 못하는 고통은 나를 더 강하게 만든다.'라는 니체의 말로, 다시는 강요하지 않았으면 한다고 말했다. "고통은 그냥 고통인데 뭐를 어쩌라는 것인지, 아프니까 청춘이라는데 왜 청춘이 아파야 하는지 모르겠습니다."라고 덧붙이면서 너는 코로나 때문에 짜증 나는 이런 와중에, 그런 비현실적 말을 그만하자고 했다. 미안하다. 오늘 마지막으로 한 번만 더 사용한다.

"나를 죽이지 못하는 고통은 나를 더 강하게 만든다."

IMF 외환위기의 고통은 대한민국을 죽이지 못했고, 대한민국은 더 강해졌다. 우리는 외환위기 고통 속에서 내적 성숙을 이루어 냈다. 그래서 2008년 글로벌 금융위기도 IMF 외환위기 때보다 잘 견뎠다.

IMF 외환위기의 경험을 '고통의 학습 효과'로 설명하고 싶어서 니체의 말을 마지막으로 인용한 것이다. 니체의 말처럼, 고통은 학습을 통해서 어린 새싹을 거친 세상에 견딜 수 있는 나무로 자라게 한다. '고통의 학습 효과'는 웬만한 태풍이 오더라도 견디어 낼 수 있는 유연하면서도 단단한 가지와 깊고 튼튼한 뿌리를 나무에 남긴다. 지금부터 IMF 외환위기의 경제 지표, 현재 코로나 사태의 경제 지표를 비교해서, 우리가 어떻게 '고통의 학습 효과'를 통해서 성장했는지 알려주려고 한다.

지금부터 보여주는 지표는 IMF 외환위기 속 경제 지표들이다. 단순하게 금리, 주가, 환율, 집값이라는 네 가지 항목만 비교한다. 1997년 12월 이후 경제 지표를 예를 들려고 한다. 주가는 한마디로 땅바닥으로 곤두박질쳐서 그 끝을 알 수 없을 정도였다. 환율은 1달러당 2,000원대를 돌파했으며, 금리는 30%를 웃돌았다. 집값은 뚝 떨어져 집주인이 전세금을 내어주지 못해서 세입자가 전세금 대신 집을 인수하는 일도 있었다. IMF는 불황에도 불구하고 금리를 강제적으로 인상했다. 그 당시 기업들이 줄줄이 도산했고, 실업자들은 산으로 가서 시간을 죽이고 절망과 분노를 달래야 했다. 세부적으로 살펴보면 더 끔찍한 비극이 곳곳에 숨어있다.

주가는 반토막 났다. 코스피 지수가 1997년 외환위기 이전 1,000을 넘겼다가, 1998년 500 이하로 떨어졌다. 아파트 값은 절반 수준으로 하락했다. 1997년 3억 원이던 서울시 모 아파트 33평 값이 1998년 1억 5000만 원으로 떨어졌다.

환율은 달러 가치가 원화 대비 2배가량 폭등했다. 1달러 환율은 1997년 4월 891원에서 1997년 12월 최대 1,995원으로, 원화 가치 폭락이 일어났다. 원화 891원이면 1달러로 환전이 가능했던 것이 8개월 만에 1,995원을 줘야 1달러로 환전할 수 있게 되었다.

IMF는 고금리 정책으로 금리를 30%까지 올렸다. 서민은 은행에서 돈을 빌릴 수 없어서 거리로 내몰렸다. 반면에 자본가들은 은행에 돈을 맡겨서 이자를 받거나, 반대로 헐값이 된 집을 주워 담았다. 그 집 값이 몇 년 뒤 회복되면서 여기서 돈을 또 벌었다. 빈부 격차는 더욱 벌어졌다.

IMF 외환위기는 서민들에게는 정말로 참혹한 고통이었다. 서민들은 고통의 학습 효과를 통해서 성장했다. 덕분에 2008년 글로벌 금융위기를 그래도 무난하게 극복했다. 그리고 외환위기 후 24년이 지난 지금, 우리는 코로나19 팬데믹이라는 허리케인급 위기에 직면해서 제법 잘 대응하고 있다. 현재까지 우리의 대응 성적을 주가, 환율, 집값, 금리, 이 네 가지 경제 지표만으로 평가하면 선방이라고 할 수 있다.

주가는 코스피 지수가 2020년 1월 2,200 선에서 2020년 12월 2,900 선을 넘었다. 동학 개미들의 집중 매수로 외국인 기관 투자자들의 매도를 방어했다. 동학 개미들에 의해서 주식 시장이 흔들리지 않고 유지되고 있다고 보면 된다. 그만큼 우리가 금융 자본주의 시스템을 이해하는 수준이 높아졌다. 원-달러 환율은 2020년 3월 19일 최고 1,280원에서 2021년 1월 4일 1,082원으로 원화 가치가 상승했다. IMF 외환위기 때와 반대의 상황이다. 원화 가치가 상대적으로 안전성이 있기 때문이다. 집값도 상승했다. 집을 안전 자산으로 인식하고, 돈과 자산의 연결고리를 인지하는 통찰력이 매우 높아졌다.

금리는 1998년 최고 30%의 강제적 고금리였고, 2020년은 0.5%로 저금리다. 놀라운 일은 양적 완화 정책이 시행되면서 대부분의 사람이 화폐 가치 하락에 대비해 주식과 부동산 투자를 하면서 경제 전문가의 면모를 보여주고 있다는 것이다.

이만큼 위기에 대응하는 우리의 능력이 대단히 성장한 것만은 사실이다. 만약에 지금 수준의 경제 지식으로 1997년 외환위기에 대응했다면, 그렇게 처참하게 당하지 않았을 것이다. 아들아, 아버지가 경제 지식을 강조하는 이유가 바로 여기에 있다. 경제에서 가장 위험한 적은 '불확실성과 불안감'이다. 이 불확실성과 불안감에 한번 휩싸이면 도망치던 꿩이 머리를 덤불에 박고 있는 것처럼 어리석은 사람이 된다. 그렇게 꿩처럼 땅바닥에 고개만 처박고 위험을 피했다고 착각하다가, 사냥꾼에 의해 목이 비틀리는 일이 일어나서는 안 된다. 또 한번 강조한다. 아들아, 경제 공부해야 한다.

"나를 죽이지 못하는 고통은 나를 더 강하게 만든다."
아버지는 네가 고통의 학습 효과를 마음에 새기고 있기를 바란다. 현재의 고통이 자신을 성장시킨다는 확신만 있다면, 웬만한 고통은 즐길 수 있는 여력이 생긴다. 이렇게 고통을 통해서 체득한 경험이 모여서 세상을 바라볼 수 있는 통찰이 생긴다. 그러면 그 통찰을 남과 공유해서 서로 나눌 수 있게 되는 것이다. 그 공유한 지식이 하나하나 뭉쳐지면 세상을 꿰뚫는 단단한 집단지성이 된다.

고통과 지식에는 수학적 법칙이 작동한다. 고통은 뺄셈의 법칙이다. 0보다 큰 수로 빼야 작아진다. 지식은 곱셈의 법칙이다. 1보다 큰 수로 곱해야 커진다. 0보다 큰마음으로 네 고통을 다스리고, 네가 가진 1보다 큰 지식을 나누어야 한다.

사랑한다. 아들아.

★ ★ ★ ★ ★

2

절약편

―◆―――・・・・・・・――――◆―

쌓이는 돈,
나가는 돈,
지키는 돈

돈의 세 가지 통로

아들아, 경제 공부해야 한다.

왜냐하면 과학과 예술, 삶과 행복의 토대가 바로 경제이기 때문이다.

나는 오랫동안 근로 소득에 갇혀 있었다. 소득이란 개인이 노동, 토지, 자본을 제공하여, 생산에 참여한 대가로 받는 재화를 말한다. 다시 말해 돈을 버는 것 자체를 의미한다. 자본주의 사회에서 돈을 버는 방법은 세 가지로 나눌 수 있다.

첫째, '근로 소득'이다.

근로 소득은 근로자가 고용 계약이나 고용 관계에 의하여 노동력을 제공하고 받는 모든 대가를 말한다. 근로를 제공하고 돈을 버는 소득이다. 대부분의 월급쟁이가 여기에 해당한다. 지위가 높고 낮음에 관계없이 근로 소득을 얻는 사람은 근로자다. 대부분의 사람은 초기에 근로 소득으로 시작한다.

둘째, '사업 소득'이다.

사업 소득이란 개인이 지속해서 행하는 사업으로 얻어지는 소득을 말한다. 즉, 사업으로 돈을 버는 소득이다. 작게 구멍가게를 하든지, 크게 사업체를 하든지 사업 소득을 얻는 사람은 사업가다.

셋째, '자본 소득'이다.

자본 소득이란 자본에 의해 발생한 소득을 가리키는 것으로, 자기 영업에 투하한 자본 외에 출자 또는 재산 소유에서 발생한 소득을 말한다. 즉 자본이 버는 돈이다. 나는 자본이 돈을 버는 자본 소득을 일컬어 자본주의의 꽃이라고 부른다. 진정한 소득은 바로 '자본 소득'이다. 돈이 돈을 버는 소득 구조를 갖춘 사람이 바로 자본가이다.

우리는 '근로자'이거나, '사업가'이거나, '자본가'로 살아간다. 그리고 이 세 가지에 속하지 못한 사람을 실업자라고 부른다. 실업자의 인생에는 소득이 없다. 자본주의 사회에서 소득 없는 삶은 정말 힘들고 고달프다.

네가 알고 있는 몇 사람을 비교해서 각 소득의 장단점을 말하려고 한다. 소득은 돈을 버는 것이다. 이 돈은 같은 돈이지만 각기 다르다. 근로자의 소득, 사업가의 소득, 자본가의 소득은 돈을 버는 방식이 각각 다르기 때문이다. 네가 이해하기 쉽도록 사례를 들겠다.

첫 번째 비교 대상은 '나훈아'와 '남진'이다.

결론부터 말하면 '나훈아 = 자본 소득'이고, '남진 = 근로 소득'이다. 두 사람은 1970년대 가요계의 양대 산맥이었다. 요즘은 '가수 나훈아'의 인기가 높지만, 그 당시 인기는 '가수 남진'이 조금 앞선 것으로 알고 있다. 그렇다면 어떤 기준이 두 사람의 소득 형태를 갈랐을까? 그 기준은 바로 저작권료다. 가수 나훈아는 싱어송라이터로, 그 자신이 작사하고 작곡한 히트곡이 많다. '무시로', '홍시', '울긴 왜 울어', '잡초' 등 셀 수 없을 정도다. 저작권료만 받아도 충분히 경제생활을 할 수 있다. 가수 나훈아에게 저작권은 바로 자본이다. 저작권은 자본주의 사회에서 스스로 알아서 돈을 벌어오게 되어 있다. 바로 자본가의 소득이다. 반면에 가수 남진은 본인이 작사 또는 작곡한 히트곡이 별로 없다. 결국, 지금도 공연 또는 방송 출연이라는 노동을 해서 돈을 벌어야 한다. 그래서 가수 나훈아는 자본 소득이고, 가수 남진은 근로 소득이다. 예술가가 경제적 제약에서 벗어날 때 그 예술은 빛을 발한다. 버지니아 울프라는 작가가 있다. 유산으로 경제적으로 자유로워서 《등대로》 같은, 대중을 의식하지 않고 자기만의 예술 세계를 구현한 작품을 쓸 수 있었고, 위대한 여성 소설가가 되었다. 경제적인 자유로움은 예술적 자유로움을 준다.

두 번째 비교 대상은 정스토리라는 '네이버 블로거'와 네이버 카페 '고창모(외식업 창업)'와 '정창모(정육점 창업)' 카페지기다. 정스토리라는 블로거는 아버지, 고창모 카페지기는 아버지 친구다. 2014년, 나는 네이버 블로그를 시작했고, 그 친구는 네이버 카페를 시작했다. 처음 시작할 때 우리 둘은 똑같이 글을 써서 아버지는 블로그에, 그 친구는 카페에 올렸다. 그리고 7년의 시간이 흘렀다. 아버지는 지금도 하루에 한 편씩 글을 올려야 하는 블로거다. 반면에 그 친구는 20만 명의 카페 회원들이 열심히 글을 올려서, 지금은 카페 운영 관리만 한다. 아버지는 아직도 '글쓰기 노동'을 하지만 수익이 없고, 그 친구는 카페 운영 관리만 하고도 소득을 번다. 여기에 카페 커뮤니티를 기반으로 '헬로미트'라는 축산물 온라인 플랫폼 사업체 경영까지 확장하고 있다. 처음에는 단순 커뮤니티였던 것을 온라인 전자 상거래 사업으로 확장했다. 지금도 사업은 성장하고 있고, 앞으로 더 커질 것이다. 아버지는 아직도 근로자이고, 그 친구는 사업가이며 이제는 그 사업 소득을 기반으로 자본을 축적해서 자본가로 거듭나고 있다.

자본주의 사회에서 부자가 되는 가장 빠른 방법은 부자 부모를 두는 것이다. 부자 부모에게 증여 또는 상속을 받는 게 사업가 또는 자본가 반열에 오르는 가장 빠른 방법이다. 그러나 이것은 신의 영역이다. 인간의 영역이 아니다. '아버지, 어머니 찬스'를 쓰지 못하는 대부분 사람은 노동으로 돈을 버는 일부터 시작해야 한다. 처음 시작점은 근로 소득이다. 거기서부터 소득 전략을 수립해야 한다. 그 전략의 핵심은 근로자 마인드에서 벗어나 '사업가 마인드' 또는 '자본가 마인드'로 무장하는 것이다. 가수 나훈아의 작사·작곡 능력, 그리고 아버지 친구의 사업가 마인드가 여기 해당한다. 이들에게는 사람들의 협력, 기술의 효능, 그리고 자본의 힘을 이용할 줄 아는 경제 감각과 능력이 있었다. 이들처럼 세 가지 경제 감각을 가지고 있어야 한다. 너는 소득의 본질을 이해하고, 경제 감각을 길러야 한다. 나처럼 너무 오랫동안 근로자에 멈춰서는 안 된다.

소득은 돈이 내 주머니로 들어오는 것을 말한다. 소득이 있어야 지출도 있고, 자산도 쌓인다. 소득이 바로 경제의 토대가 되는 것이다. 어떻게 소득을 이룩할 것인가는 인류의 영원한 숙제다. 경제 공부를 하는 근본적인 이유는 소득이 일어나는 과정을 알아가기 위함이다. 소득을 단순히 돈을 번다는 개념으로만 이해하는 것이 아닌 근로 소득, 사업 소득, 자본 소득으로 나누어 개별적인 개념을 구체화해야 한다. 한쪽에 파묻혀서 다른 소득의 특징을 놓치는 우를 범하지 않기 바란다. 아버지는 너무 오랫동안 근로 소득이 최고인 줄 알고 그 속에 매몰되어 있었다. 그래서 너는 구체적이고 다면적인 경제 관점을 가지고 살아가기를 아버지는 바라고 있다.

오늘이 연휴 마지막 날이다. 아마 근로자는 내일 일해야 한다는 스트레스 속에 있을 거다. 그러나 사업가는 내일의 일이 즐거움일 것이고, 자본가는 요일에 상관없이 매일이 휴일이다. 네가 최소한 사업가의 삶, 아니 할 수 있다면 자본가의 삶을 살아가길 바란다. 그래서 경제 공부해야 한다고 강조하는 것이다.

우리 삶의 90%가 돈과 관련이 있다. 돈 공부, 경제 공부는 삶의 본질을 공부하는 거다. 그래서 누군가에게 종속된 삶이 아니라 주도하는 삶을 살아가도록 해라. 네 삶이 튼튼한 토대 위에 세워지길 바란다.

사랑한다. 아들아.

돈이 쌓이는 저축

"복리 효과는 일상의 규칙을 넘어서는 비법이며, 시간이 우리에게 선사하는 성공의 마법이다."

우리는 일상에서 '저축'을 이야기한다. 그러나 저축이 무엇인지 명확하게 인지하지 못하고, 그 중요성을 깨닫지 못하고 있다. 저축은 사람, 생명, 자연, 공기, 물처럼 너무도 소중한데 우리는 그 말을 너무 흔하게 써서 소중하다고 생각하지 못한다.

먼저 저축이라는 말의 뜻을 살펴보자. 저축은 소극적 의미로는 소득 중 소비로 지출되지 않는 돈이 쌓이는 것을 말하며, 적극적 의미로는 정기적으로 쌓아둔 원금에 이자가 붙어서 돈이 쌓이는 예·적금을 의미하기도 한다. 저축의 가장 큰 특징은 원금 손실 위험이 전혀 없다는 것이다. 이 점이 중요하다. 원금에 손실이 없기 때문에 서민들은 한 푼 두 푼 모아 은행에 저금하며 종잣돈을 만들었다. 이것이 저축의 가장 큰 역할이다.

그러나 요즘은 은행이 뱅크 런bank run이 발생하여 부도가 나는 경우도 있고, 교묘하게 저축으로 위장한 펀드 상품도 있기 때문에 저축 상품에 가입했다고, 마냥 안심하고 있을 수 없다. 그래서 저축 상품도 금융 상품에 대한 이해를 바탕으로 살펴야 하는 세상이다. 물론 저축 상품은 다른 금융 상품과 명확하게 차이가 있다. 저축은 저축과 이자 수익을 목적으로 하고, 펀드는 투자를 목적으로 하고, 보험은 위험을 해소하기 위한 금융 상품이다. 이렇게 명확하게 구분되어야 한다. 그런데 요즘 몇몇 금융 상품은 교묘하게 혼합형으로 만들어서 저축 상품인지, 펀드 상품인지, 보험 상품인지 구별이 쉽지 않다. 그래서 저축과 투자, 그리고 보험을 구별하는 금융 지식이 있어야 한다. 우리는 저축의 명확한 의미를 이해하고, 위험 요소를 세심하게 살펴야 한다.

고금리 시대에는 은행에 저축하는 것으로 종잣돈을 모으는 효과가 있었다. 그러나 저금리 시대에는 은행에 저축해서는 돈을 모으기 어렵다. 저축으로 돈을 모으는 시대는 끝났다. 세상은 점점 저축의 시대에서 투자의 시대로 변하고 있다. 저축은 안정적이고 투자는 위험이 따른다. 저금리 시대에는 어쩔 수 없이 위험을 감수한 투자를 해야 한다. 저축의 안정적인 기반 위에서 살 수 있는 시대가 아니다. 금리가 낮아지고, 통화량이 늘어나면서, 화폐 가치가 점점 떨어지는 금융 자본주의 시대이다. 그래서 예전과는 달리 투자 효과를 최대한 얻어내는 금융 상품이 필요하다. 그래서 고금리 시대에 유용했던 저축 방식이 아니라 철저하게 저금리 시대에 필요한 금융 상품을 공부해야 한다. 그 전에 너는 기본이 되는 저축의 종류와 그 쓰임새를 알아야 한다. 우선은 저축의 종류를 알아야 한다. 보통 은행의 저축 예금에는 세 가지 종류가 있다.

첫째는 보통 예금이다.

예금과 인출을 자유로이 할 수 있는 은행 예금이다. 이 예금은 대체로 이자가 1% 이하이다. 보통 예금은 돈을 그저 보관만 하는 금고 같은 예금이다.

둘째는 정기 예금이다.

일정 기간 환급을 요구하지 않을 것을 약정하고 은행에 예치, 은행은 이에 대하여 일정 이율의 이자를 지급하는 저축성 예금을 말한다.

셋째는 정기 적금이다.

정해진 기간 일정액을 매월 적립하고 만기일에 약정 금액을 지급받는 적립식 적금이다. 매월 적립하면서 절약과 저축이 동시에 일어나는 적금이다. 여기에는 복리의 마법까지 더해진다. 정기 적금은 복리효과를 활용해 돈을 모을 수 있는 대표적인 상품이다.

복리 효과는 처음에 은행에서 사용한 경제 용어에서 출발했다. 은행에서 이자를 계산하는 방법에는 두 가지가 있다. 하나는 단리법과 다른 하나는 복리법이다. 단리법은 전 기간의 이자를 원금에 가산하지 않고, 원금에 대해서만 다음 기간의 이자를 계산하는 방식이다. 반면에 복리법은 일정한 기간의 기말마다 이자를 원금에 가산하여 그 합계액을 다음 기간의 원금으로 하는 이자 계산 방법이다. 사람들은 돈의 법칙에 단리법이 적용되는 줄 알고 있다. 그러나 아니다. 삶의 법칙이든 돈의 법칙이든 모두 정확하게 복리법이 적용된다.

눈에 보이지 않는 이자가 원금에 쌓이는 복리법은 삶을 좌우하는 마법의 법칙이다. 경제 감각이 있는 사람은 원금이 아니라 눈에 보이지 않는 이자가 원금에 보태져 삶을 좌우한다는 것을 알고 있다. 그래서 복리 효과는 산술적인 논리와 눈에 보이는 규칙을 넘어서는 삶의 마법이다.

복리 효과는 눈에 보이지 않는 효과다. 사람들은 눈에 보이는 것만을 믿는 경향이 있다. 하지만 성공하는 삶에 반드시 따라다니는 법칙이 바로 복리 효과이다. 위대한 성공을 이룬 부자들은 눈에 보이지 않는 복리 효과를 알고 있는 사람들이다. 세상의 일은 양면성을 가지고 있다. 복리 효과는 꼭 좋은 일에만 쌓이는 것이 아니다. 부정적인 일에도 그대로 쌓인다. 운동, 독서, 능력 등은 긍정의 복리 효과가 쌓이는 일이고, 술, 담배, 탐욕 등은 부정의 복리 효과가 쌓이는 일이다.

우리는 긍정의 복리 효과를 쌓도록 삶을 설계해야 한다. 세상에 상종하지 못할 독한 사람에는 세 종류가 있다고 한다. 첫째는 다이어트에 성공한 사람, 둘째는 금연에 성공한 사람, 셋째는 금주에 성공한 사람이다. 사람들은 이 세 가지를 성공한 사람이 독한 사람이라고 생각하는 것일까. 그 이유는 술과 담배, 살에는 습관이라는 무서운 유혹이 있기 때문이다. 다이어트는 식습관을 바꾸고, 하루의 습관을 바꾸는 일이다. 금연은 일상의 행동으로 밴 습관을 끊어내는 일이다. 금주는 시간과 사람 관계가 밴 습관을 끊어내는 일이다. 습관이란 누적된 결과물이다. 부정의 누적 효과를 이겨내고 새로운 긍정의 복리 효과를 만들어내는 것은 그만큼 힘든 일이다. 나는 마흔이 넘어 술과 담배, 그리고 살의 습관을 모두 끊었다. 한편으로는 상종하기 어려운 사람이고, 다른 한편으로는 긍정의 복리 효과를 만들 줄 아는 사람이다.

나는 복리 효과가 일상의 삶을 뛰어넘는 그 무엇이라는 걸 알고 있다. 내가 이룩했던 모든 것은 복리 효과의 결과물이었다. 걷고 뛰는 것조차 일어서고 넘어지는 반복된 연습이 만들어낸 결과다. 걷기의 복리 효과로 걷고 있는 것이다. 글을 쓰는 것도 한 자 한 자 반복해서 썼던 연습의 결과이다. 모든 결과는 긍정 혹은 부정의 복리 효과라는 것을 깨달아야 성공의 사다리를 만들어낼 수 있다.

부자가 되려면 반드시 복리 효과를 알아야 한다. 작은 결과물 하나도 복리 효과에 의한 것이다. 그렇다면 위대한 것들은 더 말할 필요가 없이 복리 효과가 작동한다. 예를 들면 이렇다. 대학생이 영어 공부를 한다고 치자. 그 학생이 하루에 2시간씩 5일 동안 꾸준하게 해서 10시간 공부한 합계와 하루에 몰아서 10시간 공부한 합계를 1년이라는 시간으로 비교해보자. 단리법에 의한 계산법으로는 520시간으로 똑같다. 그러나 복리법으로는 전혀 다르다. 매회 10% 이자가 붙은 공부가 쌓인다. 하루 2시간씩은 복리 효과로 계산하면 1년에 1,085시간의 효과가 있다. 반면에 일주일 10시간은 복리 효과로 계산하면 653시간의 효과가 있다. 순수하게 432시간의 차이가 발생한다.

집중도에서도 차이가 있다. 사람은 하루에 2시간은 집중해서 공부할 수 있지만, 하루에 10시간은 집중해서 공부할 수 없다. 결국 영어 공부를 효과적으로 하는 방법은 하루 2시간씩 꾸준히 하는 거다. 이것이 공부의 복리 효과다. 너도 몰아서 공부하지 말고 매일 꾸준하게 공부하도록 해라. 그래야 공부의 복리 효과에 의해서 네가 이루고 싶은 목표를 달성할 수 있다.

돈도 마찬가지다. 한 달에 200만 원씩 복리 적금으로 돈을 모으는 사람과 1년에 2,400만 원씩 복리 적금으로 모으는 사람은 10년을 기준으로 보면 거의 두 배 가까운 차이를 만든다. 이처럼 시간 단위를 작게 쪼개서 복리 효과를 만드는 것이 중요하다. 한 달에 고정적으로 200만 원을 모으는 사람은 돈의 습관이 정립된 사람이다.

복리 효과는 시간이 만들어주는 마법이다. 매일, 매월 꾸준하게 돈을 모으면 그 돈은 스스로 알아서 이자를 만들어내는 마법을 부린다. 그래서 일정한 고정 소득이 있어야 한다. 또 그것을 아껴서 고정적으로 저축하는 것이 무엇보다 중요하다. 이것이 돈을 모으는 경제 원리다. 일정한 금액을 꾸준하게 쌓는 것이 복리 효과이고, 이 복리 효과에 의해서 돈은 스스로 제 몸집을 불린다. 너는 이런 저축의 원리를 알고, 복리 효과의 마법을 잘 활용하도록 해라.
공부와 돈의 복리법이 부와 성공을 만드는 비법임을 기억해라.

사랑한다. 아들아.

돈을 지키는 지출

"돈이 오는 길 이정표에는 소득이 아니라 지출이라고 쓰여 있다."

돈의 속성을 개인의 관점으로 보면 '소득과 소비'가 있다. 소득은 돈이 들어오는 걸 말하고, 소비는 돈이 나가는 걸 말한다. 오늘은 돈이 나가는 지출에 대해서 말하겠다. 우선 너의 주머니에서 돈이 나가는 것은 무조건 지출이라고 생각하면 된다. 그 소비는 돈이 쓰이는 목적에 따라 세 가지 형태로 구분하고 있다.

첫째, 투자 지출이다.

투자 지출에는 부동산 투자, 주식 투자, 사업, 가게 오픈, 은행 저축 등이 있다. 투자 지출은 장래에 소득이 될 수 있는 곳에 돈을 쓰는 일이니 철저한 계획이 필요하다. 더 많은 돈을 벌기 위한 지출이니 꼭 필요한 항목이다. 많이 늘릴수록 좋다. 부자는 투자 지출이 큰 사람이다.

둘째, 필요 지출이다.

필요 지출은 돈으로 필요한 물품을 사는 것이다. 비누, 세제, 콩나물, 쌀, 속옷 등 생활필수품을 사는 걸 말한다. 말 그대로 필요에 의한 소비다. 다른 말로 필요한 물건을 사고 돈을 주는 거라서 물품 교환을 위한 지출이라고 한다. 생활에 꼭 필요한 의식주의 기본 지출이니, 무작정 줄이기보다 현명한 관리가 필요하다.

셋째, 욕망 지출이다.

욕망 소비란 낭비에 의한 소비를 말한다. 소비 심리에는 두 가지가 있다. 하나는 필요에 의한 소비이고, 다른 하나는 욕망에 의한 소비다. 낭비란 바로 욕망에 의한 소비를 말한다. 사람의 마음에 떠오르는 소비 욕망의 형태는 여러 가지다. 때로는 과시하고 싶어서, 때로는 무의식에 내재한 쇼핑 중독으로, 때로는 욕망과 필요를 구별하지 못하는 착각에 빠져서 욕망이 이끄는 대로 소비를 한다.

지출의 세 가지 형태를 명확히 구별해야 한다. 부자들은 소득이 아니라 소비가 중요하다는 것을 알고 있다. "돈이 오는 길 이정표에는 소득이 아니라 지출이라고 쓰여 있다."라고 말하는 이유가 여기에 있다. 부자가 되기 위해서는 소득은 후순위이고, 지출이 선순위다. 어떤 이는 소득이 있어야 지출도 하는 거 아니냐고 말하겠지만, 절대 아니다. 우리는 가진 돈이 적거나, 만족스럽지 않기 때문에 돈이 없다고 생각한다. 사실은 그 적은 돈을 어떻게 지출하는지, 어떻게 경제적으로 사용하는지에 따라서 돈은 모이기도 하고 달아나기도 한다. 그 적은 돈이 가장 중요한 돈일 수 있다. 큰 부자는 시대와 운 등 여러 요소가 필요하지만, 작은 부자는 경제적인 지출만으로도 가능하다. 예를 들어 설명하는 것이 네가 이해하기 쉬울 것이다. 경제적인 지출로 작은 부자가 된 분이 있다. 너도 잘 아는 분이다.

작은 부자의 대표적인 사람이 바로 너희 외할아버지다. 외할아버지 전에 먼저 너희 엄마의 가치 소비 방식을 이야기한다. 우리가 지금 제법 자산가 행세를 할 수 있는 건 너희 엄마의 가치 소비 덕분이다. 아버지는 남자로서 너희 엄마를 사랑하고, 경제적인 관점에서는 존경한다. 그럴 수밖에 없다. 너희 엄마가 아버지의 근로 소득만 가지고 이만큼 살아갈 수준으로 돈을 불렸다. 월급쟁이들 봉급은 뻔하다. 쥐꼬리만 한 소득으로 어떻게 자산을 50억 원까지 불렸는지 궁금하지 않니? 엄마는 영혼을 끌어모으는 정신으로 욕망 지출과 필요 지출을 줄이고, 온몸을 내던지는 의지로 투자 지출에 집중했다. 이런 엄마가 가진 지출의 기술, 그 뿌리는 바로 외할아버지에 있다.

외할아버지는 고등학교를 졸업하지 못했다. 스무 살 전 농사를 시작해서, 일흔을 넘긴 지금까지 농사를 짓고 계신다. 외할아버지는 농민이다. 그저 성실한 농민에 불과하다. 아마 혹자는 외할아버지가 경제 지식이 없는 시골 노인에 불과하다고 할 것이다. 그러나 아버지의 생각은 다르다. 외할아버지는 경제학자보다 뛰어난 경제 감각을 본능적으로 가진 분이다.

외할아버지는 그 시골에서 드문 몇십억 대 자산가다. 더 중요한 것은 지금도 외할아버지의 자산 가치는 매년 상승하고 있다. 외할아버지 성공 비결에 경제 이론은 없다. 나는 외할아버지가 투자 방법, 특히 돈의 개념을 알고서 그렇게 했다고 보지 않는다. 그렇다고 큰 소득이 있어서, 그렇게 자산가가 되었다고 보지도 않는다. 투자 개념도 없고, 농사라는 그리 크지 않는 소득만 가지고 외할아버지가 어떻게 그 돈을 모을 수 있었는지 아는 것이 바로 경제 공부이다. 정답은 바로 외할아버지의 지출에 있다.

외할아버지는 한평생 본인을 위한 낭비 지출이 거의 '0'이었다. 가족이 생활할 최소한의 필요 지출만이 그분이 했던 소비의 전부였다. 그것도 소득 중 10% 선을 넘지 않았다고 한다. 나머지 90%는 오로지 투자 지출만 하셨다. 외할아버지는 평생 술과 담배를 가까이 하지 않았다. 술과 담배가 시간과 돈의 제일 낭비라고 여기고 사셨다. 그렇게 소비 지출을 줄여 종잣돈을 만들었고, 그 종잣돈으로 투자 지출을 했다. 외할아버지의 투자 지출의 대상은 '자식, 땅, 소' 세 가지였다. 악착같이 모은 종잣돈은 오직 자식 교육비, 집 주변 토지 매입, 한우 송아지 구매 등의 투자 지출에만 쓰셨다. 그렇다면 외할아버지의 투자 효율은 어땠을까?

첫 번째 투자 소비, '자식 교육비'를 살펴보자.

한마디로 성과는 나쁘지 않다고 할 수 있다. 너희 엄마를 포함한 2남 2녀 중 세 사람은 공무원이다. 먹고사는 데 지장이 없다. 또 다들 성품이 온화해 형제간 다툼이 없다. 자식 교육은 못난 돌이 없는 것이 중요하다. "한 사람도 낙오 없이 무탈하게 자라줘서 고맙다."는 외할아버지의 칠순 잔치 소감 그대로다. 다들 무탈하게 잘 자라주었다. 자식 농사는 다들 무탈한 것, 그것만으로도 최고 수익률이 되는 투자이다. 아버지가 너희들에게 바라는 바도 마찬가지다. 무탈하게 세상을 살아갈 힘인 경제 감각을 익히길 바란다.

두 번째 투자 소비, 토지를 살펴보자.

사실 가장 효율이 높은 건 토지다. 사실 외할아버지 재산의 대부분은 땅에서 나왔다. 외할아버지는 종잣돈을 모으면, 바로 주변 땅을 매입했다. 땅값이 싼 시골에서도 땅이 돈이 된다는 걸 본능적으로 알고 계셨다. 그렇게 매년 조금씩 산 땅으로 이젠 외갓집 주변의 넓은 땅이 외할아버지의 소유가 되었다. 지금도 그 땅은 알아서 외할아버지의 노동 대신에 돈을 벌어주고 있다. 안전 자산에 투자하는 것이 미래의 소득 창출의 근원이다. 그 경제 원리를 알고서 안전 자산에 투자 지출을 해온 것이 주효했다.

세 번째 투자 소비는 한우 사육이다.

소는 종잣돈을 모으는 역할과 자본을 키우는 역할을 동시에 했다. 지금도 네 외할아버지는 한우 60마리를 키우신다. 한 마리당 1,000만 원으로 잡으면 6억 원 수준이다. 보통 송아지가 300만 원 이하이니, 사룟값을 고려해도 수익률이 50% 이상인 높은 투자 사업이다. 그런 투자 원리를 외할아버지는 글로 배운 것이 아니고 몸으로 배우신 분이다. 송아지 매입은 성공한 투자였다.

외할아버지는 칠순을 넘겼지만 지금도 건강하게 일하고 계신다. 외삼촌과 이모가 모두 분가해서 이젠 내외 두 분만 살고 있다. 이젠 논과 밭에서 나는 것으로 식사를 해결하고, 집에 있는 옷으로 생활하기 때문에 소비가 거의 제로 수준이다. 반면에 소와 땅은 지금 이 시각에도 스스로 알아서 자산을 증식하고 있다. 너는 군대에서도 외할아버지께 자주 문안 인사드려야 한다. 사람이 움직여야 그 돈이 움직인다.

외할아버지의 부는 소득이 아니라 소비에서 시작되었다. 그래서 첫 문장을 "돈이 오는 길 이정표에는 소득이 아니라 소비라고 쓰여 있다."

라고 썼다. 부자가 되고 싶으냐? 그럼 먼저 지출을 줄여야 한다. 그리고 투자 지출을 확대하는 설계를 해야 한다. 소득을 늘리는 것은 다음 순서이다. 대부분 사람은 자꾸 지출이 아니라 소득에서 정답을 찾으려고 한다. 소득은 종속 변수이고, 지출은 독립 변수이다. 독립 변수인 지출을 효과적으로 활용해야 한다. 그래서 소득에는 왕도가 없다. 자기만의 지출 방식을 찾아 돈이 오는 길목을 지켜야 한다. 그쪽에서 눈 똑바로 뜨고 있어야 한다.

너의 소비 습관을 꼼꼼하게 다시 살피도록 해라.
아버지는 네가 그렇게 하리라고 믿는다.

사랑한다. 아들아.

쇼핑 전투에서 이기는 법

    돈이 내 주머니에서 나가는 지출에는 투자와 필수적인 소비, 낭비인 소비, 세 가지 있다. 투자는 미래를 위한 돈의 지출이다. 반면에 소비는 현재 생활을 위한 지출을 말한다. 지금부터는 소비에 대한 이야기를 한다. 주제는 '현명한 소비법'이다.

    먼저 어제의 경험담으로 시작한다. 어제는 현명한 소비에 관한 책을 찾기 위해, 경기도에 있는 한 대형 서점에 갔다. 소비 관련 글을 제대로 쓰기 위한 자료 수집 차원이었다. 소비자 관점에서 현명하게 소비하는 방법이 담긴 책을 찾았다. 그러나 아버지가 들춘 책은 모두 상품을 파는 '기업' 입장에서만 쓰여 있었다. 상품을 사는 사람을 위한 책, 또는 그 상품을 어떻게 사용해야 좋은지 안내하는 책은 좀처럼 없었다. 보통 대중 서적은 전문가들이 자신이 몸담은 분야 정보를 일반인의 눈높이로 기술한 책이다. 아버지는 소비에 관한 그런 대중 서적을 발견하지 못했다. 아버지는 유통업에서 25년 근무한 유통 전문가인데, 입으로는 "고객님. 고객님." 하면서 소비자에게 어떤 상품이 필요하고, 그 상품을 어떻게 사용하는 것이 현명한지 제대로 공부하지 않았다. 그 사실이 부끄러웠다. 아버지의 일은 월급을 향한 것이었고, 회사를 위한 것이었다. 상품을 이용하는 소비자를 위한 게 아니었다. 유통 생활 25년 동안 깨닫지 못한 걸 퇴직 후 서점에서 깨달았다. 그 누구도 소비자 입장에서 현명한 소비를 제안하지 않는다고 생각했다. 소비자 입장에서 스스로 방법을 찾아야 했다.

습관의 무서움에 관한 동화를 이야기한다. 어떤 아이가 작은 습관 하나를 만들어 그것을 끌고 다녔다고 한다. 그런데 그 습관은 아이보다 빨리 자라서 그 아이보다 큰 습관이 되었다고 한다. 그래서 지금은 그 습관이 아이를 매일 끌고 다닌다고 한다. 아들아, 습관을 조심해야 한다. 네 안에 너보다 더 큰 소비 습관이 이것을 사라, 저것을 사라 하며, 너를 끌고 다닐 수 있다. 이렇게 소비 습관은 우리 일상의 40%를 지배한다고 한다. 우리 소비의 40%는 습관에 의해서 좌지우지되고 있다.

지금부터 우리 무의식에 깊숙이 들어와 있는 소비 습관이라는 괴물과의 전쟁이 필요하다. 이 전쟁은 창과 방패의 싸움이다. 보통 파는 쪽은 창이고, 사는 쪽은 방패로 비유한다. 한 번의 전쟁 없이 무기력하게 몸과 마음을 내줄 수 없다. 욕망과 습관을 만들어내는 기업 마케팅에 대항할 소비자의 무기를 만들어야 한다.

아버지는 25년간 창의 입장에서 살았다. 이제는 퇴직했고, 철저하게 방패의 입장에 있다. 창을 25년 다루었으니, 창의 전략은 속속들이 잘 알고 있다. 마케팅의 창을 막아낼 소비자의 방패를 만드는 데 도움을 줄 수 있다. 마케팅과 소비의 전쟁은 한쪽은 뚫어야 하고, 한쪽은 지켜야 하는 싸움이다. 이 전쟁의 무기는 한쪽은 마케팅Marketing 기법으로, 한쪽은 현명한 소비법Consumption으로 싸우고 있다.

이 전쟁은 세 단계로 구성된다.

사전 탐색전, 쇼핑 전투, 쇼핑 후 사용법이다. 사전 탐색은 심리전으로, 홍보, 판촉, 광고 등을 말한다. 쇼핑 전투는 상품을 사이에 두고 하는 본격적인 전투, 쇼핑 후 사용법은 집에서 얼마나 효과적으로 사용하는가를 말한다.

첫 번째 단계는 사전 탐색전이다.

모든 전투는 본격적인 전투 이전에 심리전에서 결정된다. 사전에 기를 제압하지 못하면 그 싸움은 백전백패다. "심장은 거짓말을 못 해. 실전은 기세야, 기세." 영화 〈기생충〉에서 기우가 한 말이다. 기세가 모든 싸움의 승패를 좌우한다는 사례의 적절한 비유였다. 마케팅은 전투 이전에 심리전으로 우리를 제압하려고 한다. 마케팅은 우리를 초토화할 최첨단 심리전 무기들을 가지고 있다. 심리전의 주요 무기는 홍보와 판촉, 광고 등이 있다. 지금도 첨단 무기로 우리를 무력화하는 작전에 막대한 심리전 무기를 투하하고 있다. 그들은 언어라는 심리적 도구를 자유자재로 사용하는 언어 마술사들이다. 그들이 자주 하는 '소비는 미덕'이라는 말에 얼마나 강한 독성이 담겨있는지를 너는 알아야 한다.

우리가 특히 조심할 것은 달콤한 광고 문구다. 광고 카피는 커피보다 카페인 함량이 높아서 바로 중독된다.

그녀의 자전거가 내 가슴 속으로 들어왔다.

너는 이 카피에 중독되어 그 브랜드의 셔츠를 샀다. 네 방에 비슷한 셔츠 12벌은 과연 현명한 소비의 결과라고 할 수 있을까? 네 셔츠에는 '그녀의 자전거'만 들어왔지, 네 몸이 그 셔츠 속으로 들어가는 걸 못 보았다. 현명한 소비를 했다면 네 몸이 최소 천 번 이상 들어가야 했을 셔츠들이다. 현명한 소비를 하는 유대인들은 한 번 산 옷을 최소 10년간 입는다.

마케팅의 무기에는 지뢰가 있다. 네가 다니는 모든 길목에 있는 전단, 현수막, 브로마이드, 네 스마트폰 속 광고 배너, 유튜브 동영상 속 PPL 등 모든 곳에 널려 있다. 그것은 각 기업의 마케팅 부서에서 설치한 지뢰로, 보기만 해도 감염되는 무서운 바이러스 지뢰다. 감염 후에는 소비하지 않고는 못 배기는 소비 중독을 유발한다. 네가 좋아하는 게임 광고도 보아라. 네가 좋아하는 가수가 멋지게 권총을 들고 유혹한다. 압권은 광고 바로 아래 이벤트 안내 문구다. "친구를 많이 초대할수록 당첨 확률이 높아집니다." 내가 마케팅을 소비 바이러스에 비유한 이유다. 아들아, 두 눈 크게 뜨고 주위를 살펴야 한다.

두 번째 단계는 쇼핑 전투이다.

상품을 사이에 둔 본격적인 전투를 말한다. 아들아, 너는 쇼핑 실전에 너무 약하다. 어릴 적에 상품의 가치를 판단하는 연습을 충분히 하지 못한 탓이다. 아버지는 너에게 조기 교육으로 영어와 수학을 가르쳤지, 실전 경제를 가르치지 못했다. 이 아버지는 그 점이 미안하다. 유대인들은 자녀가 어릴 적부터 소비 경험을 배우도록 한다. 유대인 아이들은 어려서부터 직접 물건을 사고파는 경험을 통해 소비 방법을 몸으로 익힌다. 이렇게 몸으로 익힌 아이들은 커서 '현명한 소비자'가된다.

그들의 경험은 주말마다 마을 공원에서 열리는 플리마켓(벼룩시장)에서부터 쌓인다. 커서 입지 못하는 옷, 다 읽은 동화책, 장난감 등을 들고 가서, 자기 물건을 팔고, 필요한 물건을 산다. 실전 경제를 몸으로 익히는 참교육의 현장이다.

전문적인 마케팅과 소비 심리학은 특별한 것이 아니다. 좋은 물건을 알아보는 눈, 그 물건이 얼마 정도인지 값을 매기는 연산 능력, 어떤 물건을 소비자가 필요로 하는지 소비자의 마음을 아는 공감 능력이다. 유대인 자녀들은 이런 것들을 플리마켓에서 온몸으로 느끼면서 배운다.

다른 말로 비유한다면, 유대인 아이들은 경제 나라의 원주민들이다. 아버지처럼 어릴 적 경제 경험이 없는 사람을 경제 나라의 이주민들이라고 한다. 경제 나라의 이주민들은 어릴 적에 경제 감각을 온몸으로 흡수한 아이들을 따라가지 못한다.

우리나라는 소비가 미덕이라는 개발 도상국의 슬로건을 내걸고 무절제한 소비를 독려해왔다. 어린 시절부터 익힌 대로, 또 기업의 광고에 빠져 우리는 신상품만 사고 있다. 아버지가 신상품 시장의 선득한 이야기 하나를 들려주마. 자동차 시장에 대한 얘기이다. 우리나라는 대표적인 신형 자동차의 나라이다. 여느 나라에 비해 중고 자동차 시장이 활성화되지 못하는 이유가 거대 자동차 기업의 작품이라는 사실이 선득한 것이다. 자동차 회사는 마케팅으로 중고차를 사는 것은 현명하지 못하다고 주입하고, 그래서 소비자는 신차를 사는 것이 현명한 소비인 것처럼 여기게 되었다. 그런 마케팅 전략에 속지 말고 제대로 소비하는 생활을 해야 한다. 이 사실은 명심해야 한다. 그만큼 경제 활성화라는 미명하에 신상품 소비를 우리에게 강요하는 세상이다. 네가 앞으로 살아가는 세상에서 개인은 소비의 대상 이외에 가치가 없는 존재일지도 모른다고 생각하면 이 아버지는 가슴이 아프다.

코로나19가 세상을 바꾸고 있다. 경제를 어렵게 하는 부정적인 측면이 많지만 새로운 질서를 만드는 긍정적인 측면도 있다. 이 아버지는 코로나19로 인해 소비에 일대 혁신이 일어날 것으로 보고 있다. BC Before Corona 세상에서는 필요보다 욕망 소비인 신상품이 대세였다. 하지만 AC After Corona 세상에서 욕망보다는 필요 소비인 중고 상품의 비중이 커질 것으로 보고 있다. 중고 상품은 필요와 필요를 연결하는 진정한 교환 소비 상품이다. 신상품만이 상품이라는 굳건한 아성을 깨고, 필요한 상품이면 다 상품이라는 생각이 확산할 것이다. 이것이 코로나19가 가져다준 긍정 효과이다. 긍정 효과는 앞으로 필요 소비, 가치 소비 등으로 환경과 공동체의 삶에 기반한 소비가 확산하는 걸 말한다.

지금이라도 사고파는 경험을 해라. 지금이 늦은 것이 아니다. 늦었다고 생각하는 그 순간이 바로 가장 빠른 시간이다. 이 사실을 명심해라. 신상품은 돈으로 소비하는 것이지만, 중고 상품은 경제 감각으로 소비하는 것이다. 소비 감각을 키워야 한다. 물건을 보는 눈, 그 물건의 가치를 정하는 판단력, 그 물건을 바르게 사용하는 습관이 소비 감각이다. 이것을 지금이라도 연습해야 한다.

세 번째 단계는 쇼핑 후 사용법이다.

얼마나 효과적으로 사용하는가에 해당하는 부분이다. 아들아, 오늘 글을 쓰다 보니, 생각보다 많아졌다. 쇼핑 후 현명한 사용법은 다음 편에서 더 자세히 이야기하마. 현명한 소비는 '불필요한 돈을 안 쓰는 일'이라는 사실을 명심해라.

사랑한다. 아들아.

소비는 미덕이 아니다

오늘은 일전에 남겨둔 현명한 소비법에 대해 이어서 말하겠다. '그녀의 자전거가 내 가슴 속으로 들어왔다'라는 '지름신'의 계시에 너는 자전거 셔츠를 12벌이나 샀다. 그 셔츠 대부분은 처음 딱 20일만 입고, 그 후론 옷걸이가 345일을 입고 있다. 내년에는 옷걸이가 365일 입고 있을 가능성이 매우 높다.

"세상에서 제일 멋진 남자는 처음 본 남자, 제일 멋진 여자는 처음 본 여자다. 우리는 처음 본 그 순간에 가장 매력을 느낀다."

자칭 '김 낭만', 우리는 '김 제비(○○아저씨의 성이 김이다)'라고 부르는 아버지의 친구가 해준 말이다. 상품도 마찬가지다. 상품 중 제일 매력적인 상품은 신상품이다. 아버지도 100% 인정한다. 그러나 마음이 끌린다고 무턱대고 신상품을 사면 안 된다. 잘못하면 네 방은 물건으로 미어터지고, 네 살림살이는 엉망진창이 된다. 아버지는 지난 잘못을 계속 되짚는 뒤끝 있는 사람이 아니다. 반복하는 이유는 현명한 소비란 무엇인가를 너에게 잘 설명하기 위해서다. 정리하자면 꼭 필요한 물건만 사고, 그렇게 산 물건은 제대로 사용하자는 말이다. 지난 일은 돌이킬 수 없다. 하지만 미래를 위해서 잘못된 건 바로잡아야 한다. 네 잘못으로 벌어진 너의 어지러운 방과 물건들은 이번 참에 바꾸도록 해라. 잘 드는 가위로 종이를 싹둑 베어내는 것처럼 방을 깔끔하게 치워버리는 것이 좋다.

네 방을 정리·정돈하는 방법을 지금부터 알려주려고 한다. 이것은 아버지가 직장에서 배운 방법이다. 정리가 먼저이고, 그다음이 정돈이다. 먼저 정리는 물건을 필요에 따라 구별하는 걸 말한다. 필요한 물건과 불필요한 물건을 구분해서 불필요한 건 버려야 한다. 네 방 대부분의 면적을 차지하는 건 책상과 책장, 그리고 옷장이다. 그중에서 수량이 많은 건 책과 옷이다. 그 물건을 하나하나 살펴서 불필요한 건 다 버려야 한다.

버릴 물건을 정하는 방법은 두 가지다. 하나는 '이 물건을 최근에 사용한 적이 있는가?' 또 하나는 '이 물건이 아직도 나를 설레게 하는

가?'이다. 이 두 가지 질문을 하면, 버려야 할 것과 남겨야 할 것이 구분된다. 아니다 싶은 건 바로 버리면 된다. 미련이 남는 물건이라면 다시 질문을 던지면 된다. 1년 안에 사용한 적이 없다면 기분 좋게 아름다운 가게에 기부하는 거다. 그 물건은 처음부터 네 물건이 아니었고 앞으로도 네 물건이 아니다. 필요한 사람에게 보내는 것이 그 물건에 대한 예의이고 애정이다. 이렇게 불필요한 물건을 버리고, 남은 물건을 최소화하는 것이 바로 정리다.

이번에는 정돈이다. 정돈은 각 물건에 최적의 위치를 찾아주는 '물건 제자리 찾기'를 말한다. 네가 눈으로 보기 편하도록 물건의 위치를 잡아야 한다. 네가 얼마나 공간을 잘 사용하는지, 공간 감각이 필요한 일이다. 한 번 정돈했다고 끝이 아니다. 정돈의 핵심은 내일도 모레도 글피도, 계속하는 데에 있다. 지속이다.

전설적인 미 해군 제독 윌리엄 H. 맥레이븐은 텍사스 대학 졸업식에서 말했다.

"매일 아침 잠자리를 정돈하는 건, 그날의 첫 번째 과업을 달성했다는 뜻입니다."

아침에 잠자리를 정돈하는 건 사소한 일이 아니다. 하루에 가장 중요한 일이다. 성공하는 사람들은 사소한 걸 꾸준하게 하는 사람들이다. 이런 사람에게 부와 성공이 따라다닌다. 아버지가 이래서 정리·정돈을 강조했다. 네가 돈 주고 산 물건을 제대로 사용하도록 하기 위한 선행先行이다. 제대로 사용하기 위해서는 물건의 숫자를 용도에 맞추어 하나 또는 둘로 줄여야 한다.

네가 즐겨 입던 셔츠를 통해서 설명한다. 너는 고등학교 때 처음으로 하얀색 칼라 티셔츠 한 벌을 샀다. '그녀의 자전거'가 들어왔다는 그 셔츠 말이다. 그때 너는 여름에는 청바지에 그 셔츠를 입었고, 가을이 되면 그 위에 청색 카디건을 걸쳐 입었다. 너희 엄마는 셔츠를 더 하얗게 하려고 표백제로 매일 세탁했고, 그렇게 세탁한 옷을 너는 3년 넘게 매일같이 입었다. 그 셔츠가 하나일 때는 그렇게 소중했다. 네가 대학에 가고 새로 셔츠를 몇 벌 사면서, 너는 오히려 그 티셔츠를 입지 않았다. 그 칼라 티셔츠가 12벌이 되고부터는 아예 거들떠보지도 않았다. 한 벌씩 늘 때마다 셔츠의 가치는 점점 떨어졌다.

아버지가 불필요한 물건을 버리라고 하는 이유가 여기에 있다. 풍요가 좋을 듯해도 오히려 풍요 속에 빈곤이 더 커진다. 다 버리고, 너와 함께할 것들로 딱, 하나둘만 남겨두어야 한다. 그렇게 남긴 물건을 더 자주 사용해야 한다. 모든 물건은 자주 사용할수록 그 안에 깊은 맛이 우러난다. 네가 처음으로 샀던 하얀색 칼라 티셔츠처럼 말이다.

네가 고등학교 졸업식을 마치고 집에 와서 물건을 정리한 날이 기억에 선명하다. 네 방에서 고등학교 시절의 책과 옷을 정리했다. 너는 내던지듯이 교과서와 참고서, 그리고 교복을 쉽게 버렸다. 하지만 하얀색 칼라 티셔츠는 오래 바라보고 매만지다 분리수거 쪽으로 내려놓았다. 아버지는 소비의 본질이 너의 그 마음에 있다고 생각한다. 현명한 소비란 물건을 사용하면서 그 물건의 본질을 느끼는 것이라고 말해주고 싶다. 한 번 쓰고 버리는 건 그 물건에 대한 예의가 아니고 그 물건의 생명을 죽이는 것이다.

쓸 것이 아니면 사지 말아야 하고, 샀다면 물건의 본질이 느껴질 때까지 써야 한다. 이것이 소비 감각이고, 바로 경제 감각이다. 그 물건을 가지고 있는 본질적 가치를 다 사용하는 것이 경제 감각을 키우는 일이다.

생명이든, 물건이든 그 안에는 삶의 지혜와 행복, 그리고 삶의 본질이 들어있다. 너의 책도, 너의 옷도, 너의 가방도 만들어진 순간부터 그것만의 본질을 담은 그릇이다. 그 그릇에 네 삶을 차곡차곡 담도록 해라.

마지막으로 당부한다. 처음에 물건을 살 때, 그 물건에 네 손과 몸과 마음을 다하겠다는 각오로 사야 한다. 물건을 사는 건, 단순하게 그물건만 사는 것이 아니다. 그 물건의 존재 가치와 현재의 쓰임과 미래의 사용을 한꺼번에 사는 것이다. 한 번 쓰고 구석진 곳에 버리는 일로 그 물건의 가치를 가볍게 여겨서는 안 된다. 이 사실을 명심해라. 자주 사용해서 그 물건에 너의 시간과 너의 땀과 너의 눈물이 스며들게 해야 한다. 그러면 그 물건은 너의 추억이 되고, 너의 삶이 될 것이다. 그때가 되면 그 물건은 그 자신의 본질적 가치를 너에게 다 내어줄 것이다. 이것이 바로 현명한 소비이다.

물건의 가치를 제대로 느끼는 것이 바로 진짜 공부다. 이 아버지는 처음부터 네 편이었고, 지금도 네 편이고, 영원히 네 편이다.

사랑한다. 아들아.

세금이 가장 큰 지출이다

"세상에 좋은 세금 따위는 존재하지 않는다."

영국 수상 윈스턴 처칠이 한 말이다.

대영제국의 수상이든 대한민국의 소시민이든 세금에 대한 저항감은 같다. 조세 저항이 오죽했으면 "과세의 기술은 거위의 비명을 최소화하면서 가장 많은 깃털을 뽑는 데 있다."라는 말이 있을까? 프랑스 절대 왕정 시대에 세제 개혁을 이룬 콜베르 재상의 비유이다. 국가가 만들어진 초기부터 지금까지, 세금 징수 기술은 서민의 고혈을 고통 없이 짜내는 고도의 기술로 발달했다.

세금은 왜 이렇게 복잡할까? 사회 구조가 다양해지고, 국가 기능이 커지면서 세금은 복잡해졌다. 과거의 세금 구조는 단순 명확했다. 동양은 조租, 용傭, 조調 제도로, 세 가지의 세금만 내면 되었다. '조'란 토지를 사용하고 그 대가로 나라에 작물을 내는 걸 말한다. '용'이란 나라에 대가 없이 노동력을 제공하는 걸 말한다. 주로 인력에 부과하는 세금을 일컫는다. '조'란 나라에 특산물을 내는 걸 말한다. 조는 가구당 부과한다. 동양은 토지세, 노동력, 특산물 세 가지만 내면 되는 구조였다. 서양도 고대 로마 시대에는 직접세와 간접세로 구분되는 단순한 구조였다.

초기의 조세 제도는 농업과 상업의 산업 구조에서 세금을 거두기 위한 제도였다. 그러나 18세기 이후 산업이 발달하고, 사회 구조가 복잡해지면서 조세 제도는 더 복잡해졌다. 요즘 사람들은 세금이라는 말만 들어도 고개를 절레절레 흔든다. 세금은 복잡하고 골치 아픈 것이라는 생각 때문이다. 대다수가 국가에서 내라는 세금을 성실하게 내고, 신경 쓰지 않겠다는 마음을 가지고 있다. 너무 복잡하고 수시로 변하기 때문에 세금이 무엇이고, 얼마나 부담하는 것이 적정한지 따져보지 않는다. 그러나 너는 한 번쯤 꼼꼼하게 세금의 종류가 무엇이고, 과세 기준이 무엇인지 살펴보아라. 기본적인 세금인 소득세, 소비세, 재산세 등에 대해서는 알고 있어야 한다.

먼저 세금의 종류와 특징을 살펴보자. 세금의 종류가 어떻게 분류되는지 알아야 한다. 세금이 분류되는 네 가지 기준과, 그 기준에 따라 분류된 세금의 특성을 파악해야 한다. 이것이 세금 지식의 기본이다.

첫째, 세금을 내는 주체에 따라 직접세와 간접세로 구분된다.
직접세는 세금을 내는 사람과 납부하는 사람이 같다. 대표적으로 소득세가 있다. 간접세는 세금을 부담하는 사람과 납부하는 사람이 다르다. 대표적으로 소비세인 부가가치세가 있다.

둘째, 부과하는 주체에 따라서 국세와 지방세로 구분된다.
국세는 세금을 부과하는 주체가 국가이다. 대표적으로 소득세가 있다. 지방세는 세금을 부과하는 주체가 자치단체이다. 대표적으로는 취득세가 있다

셋째, 부과하는 목적에 따라 보통세와 목적세로 구분된다.
넷째, 세원에 따라 소득세와 소비세, 재산세로 구분된다.

세금의 분류 기준을 통해서 세금이 어떻게 부여되고 있는지를 이해하고 나면, 개인에게 해당하는 분야가 어디인지 알 수 있다. 우리가 알아야 하는 세금은 소득세와 소비세, 재산세다. 이렇게 구분하고서 세금이 얼마이고, 그 부담이 적정한지를 생각해야 한다. 소득세, 소비세, 재산세 중 가장 큰 비중을 차지하는 것이 소득세이다. 보통 세금의 30% 수준을 차지한다. 돈을 번 만큼 일정 세율로 세금을 내는 것으

로, 개인의 연간 소득을 합산하여 과세하는 종합소득 과세이다. 소득에 대해서 과세하는 방식은 고대 농업 국가에서 유래를 찾을 수 있다. 사유재산제 이전에 토지 소유는 국가였다. 국가는 토지를 빌려주고, 농민은 농사를 짓고, 국가는 그렇게 생산된 생산물에서 세율을 정해 세금을 걷었다. 소득세는 노동이나 자본 등 생산 요소 공급을 통해서 얻은 소득에 기반을 둔 세금이며 소득 분위별로 세율이 차등 적용된다. 과세 표준 구간에 따라 세율을 6%에서 46%까지 차등 적용한다. 소득세는 버는 만큼 내는 것이니, 과세 저항이 적은 편이다. 그것도 직장인은 미리 월급에서 세금을 차감하고 연말정산으로 마감하는 것이니 저항이 그리 크지 않다. 연말정산 제도는 소비를 통해서 세금을 내거나 또는 비과세 연금을 통해서 세금을 차감하면 그에 해당하는 만큼 환급해주는 것이다.

다음으로 소비세에 대해서 알아보자. 소비세는 간접세이다. 소비세는 처음에는 술과 담배 같은 종류의 재화에 대해 재원을 확보하고, 소비를 억제하는 차원에서 만들어졌다. 여기에 물건을 살 때 매겨지는 부가가치세는 재화와 용역에 대한 소비를 과세 대상으로 하는 일반소비세까지 확대되었다. 우리나라 부가가치세율은 10%로 적용되고 있다. 음식점에서 밥을 먹고 받은 영수증을 보면 밥값에 포함된 부가가치세 10%를 쉽게 확인할 수 있다.

마지막으로 개인의 사유재산을 기반으로 한 재산세가 있다. 자산에 관련된 세금은 자본이득세, 거래세, 보유세로 구성된다. 자본이득세는 자산의 이득에 관련된 세금인데, 우리나라에서는 양도소득세가 여기 속한다. 거래세는 자산의 이전에 대해 부과하는 세금으로 취득세, 상속세, 증여세가 있다. 보유세는 자산 보유와 관련한 세금으로 재산세와 종합부동산세가 있다.

국가는 왜 세금을 걷는 것일까? 세금은 국가 또는 지방 공공 단체가 필요한 경비를 사용하기 위하여 국민이나 주민에게 강제로 거두는 것이다. 즉 국민이나 주민에게 소득이 있거나, 소비를 하거나 아니면 자산에 의한 이득을 얻거나 자산을 이전, 보유할 때 이를 근거로 세금을 부과한다.

국가는 조세 저항 없이 세금을 걷고자 한다. 그래서 세금은 우리 주머니에서 돈을 빼앗아가는 고도의 기술로 발달했다. 국가는 세금을 되도록 눈에 보이지 않도록 교묘한 방법으로 부과해 왔다. 재무장관의 역할은 세금을 눈에 보이지 않게 부과해 국가 재정을 만들고, 그 재정으로 국가 기간산업을 이끄는 재정 정책을 수행하는 사람이었다.

세금은 눈에 보이는 정도에 따라 종류를 나누어 관리하기도 한다. 이런 기준으로 본다면 세금에는 세 가지 종류가 있다. 첫째는 눈에 보이는 세금이고, 둘째는 눈에 보이지 않는 세금이고, 마지막으로 눈에 보이는데 안 보이는 반투명 세금이다. 눈에 보이는 세금은 재산세다. 자기가 보유한 재산에 대하여 세금을 내는 것이다. 재산세는 먼저 말한 것처럼 자산을 취득하고, 보유하고, 양도하거나 증여 또는 상속으로 재산을 이동하거나, 보유하는 것으로 내는 세금을 말한다.

눈에 보이지 않는 세금은 소비세다. 우리가 재화와 용역을 사는 값에는 세금이 포함되어 있다. 부가가치세가 있고, 특별소비세가 있다. 반투명 세금은 소득세이다. 소득세는 우리가 재화와 용역을 통해서 돈을 버는 모든 곳에 매겨지는 세금이다. 과세 기준은 많이 벌수록 많이 내는 구조이다. 지금까지 정부는 반투명과 눈에 보이지 않는 세금을 많이 올렸다. 소득에 부과하는 세금은 그래도 담세능력이 있는 영역의 세금이라 징수가 쉽기 때문이다. 그러나 이젠 소득세를 올려서 국가 재정을 확보하는 것도 한계치에 달해서 다른 조세 항목을 건드릴 수밖에 없다.

그러니 부자가 되고 싶다면 반드시 조세 제도를 알아야 한다. 왜냐하면 세상의 모든 돈의 이동에는 반드시 세금이 따라붙기 때문이다. 돈의 이동과 보유에는 무조건 세금이 붙는다고 보면 된다. 세금은 역방향의 복리 효과가 정확하게 적용된다. 다시 말해 누진세가 적용된다. 그러니 돈을 벌겠다는 사람이 그 나라의 조세 제도를 모른다는 것은 어불성설이다. 세금은 돈을 버는 모든 소득에 붙고, 돈을 쓰는 소비에도 붙고, 그리고 아끼고 아껴서 모은 재산에도 붙는다. 소득에는 반드시 소득세가 붙고, 소비에는 부가가치세와 특별소비세가 붙는다. 그리고 재산세에는 자산을 살 때 내는 취득세, 그리고 보유한 재산에 보유세, 양도할 때는 양도세, 상속할 때는 상속세, 여기에 부동산은 특별히 종합부동산세까지 붙는다. 이런 세금의 구조를 잘 아는 사람이 부자이고, 세금은 머리 아프다고 피하는 사람이 서민이다.

부자들은 절세를 통해서 돈을 모으는 방법을 아는 사람들이다. 특히 재산이 많으면 많을수록 조세 제도를 잘 알고 있다. 재벌들은 상속세를 줄이기 위해서 무수한 절세 노력을 한다. 어떤 것은 신문에 보도되지 않고, 어떤 것은 어려운 경제 용어로 적어 놓았기 때문에 우리가 이해하지 못할 뿐이다. 재벌처럼 세금을 관리해 주는 전문가를 고용할 수 없어도, 세금을 몰라 손해를 보는 일이 없도록 기본적인 조세 제도는 알아야 한다. 지겹고 골치 아파도 필수적인 경제 공부다.

사랑한다. 아들아

돈 버는 시스템을 만들어라

아버지가 대학 신입생이 된 건 스물일곱 살 늦은 나이였다. 아버지는 고등학교를 2학년 1학기까지만 다니고 자퇴했다. 그리고 10년 정도 허송세월하다가 늦게 공부를 해서 대학에 들어갈 수 있었다. 남보다 뒤늦게 어렵게 간 대학이라, 그 대학 생활이 너무 좋았다. 10년을 짓누르던 내일에 대한 두려움이 사라진 유일한 시기였다. 특히 좋았던 것은 연중 절반이 방학이고, 학기 중에도 절반은 휴일이었다. 그 생활이 얼마나 좋았는지 직장에 들어가 방학이 없어진 생활을 하면서 절실하게 실감했다.

아버지는 92학번이다. 지금으로부터 29년 전에 신입생이었다. 나이 많은 신입생을 동기들은 86학번으로 대우해 주었고, '엉클uncle'이라는 별명을 붙여 주었다. 그때는 일곱 살이 엄청난 차이라고 생각했다.

우리가 입학한 그해에 언론에서는 신인류가 탄생했다고 떠들었다. 어디로 튈지 모르는 이상한 인간이라며 'X-세대'라고 불렀다. 그해 X-세대의 상징처럼 나타난 가수가 있었다. 바로 서태지와 아이들이다. 서태지와 아이들은 1992년 3월 14일 〈토요일 토요일은 즐거워〉에 출연하면서 대중에 이름을 알렸다. 이때부터 92학번에는 'X-세대' 외에 '서태지와 아이들 세대'라는 별칭이 붙었다. 서태지와 아이들은 마치 하늘에서 뚝 떨어진 것처럼 갑자기 나타났다.

"난 알아요. 이 밤이 흐르고 흐르면. 누군가가 나를 떠나버려야 한 다는 그 사실을~"

거리에서, 커피 전문점에서, 록 카페에서 이 노래는 끊임없이 나왔다. '난 알아요' 노래는 신세대의 외침이었고, '환상 속에 그대' 노래는 환상적이었다. 서태지와 아이들은 이렇게 우리가 입학한 1992년에 혜성처럼 등장했고, 그리고 우리가 졸업하는 1996년에 유성처럼 해체되었다. 우리는 대학 4년을 서태지와 아이들과 함께 보냈다. 서태지와 아이들을 길게 설명한 이유는 그들의 인기를 말하려는 것이 아니고, 해체 이후 삶을 말하려는 것이다. 해체 이후 세 사람의 생활은 '예

술과 사업'의 관계를 설명할 수 있는 좋은 본보기가 되기 때문이다. 그
들이 예술 혹은 기술을 어떻게 사업 혹은 자본으로 전환했는지 살피
는 일은 보통의 근로자인 우리에게도 큰 시사점을 안긴다. 아버지는
예술로 밥벌이하는 사람을 세 단계로 분류한다. 예술 노동자, 예술 자
본가, 예술 사업가이다.

첫째 단계는 예술 노동자다.

말 그대로 예술이라는 노동을 통해서 밥을 벌어먹는 사람들이다.
흔히 기술은 사람이 사회적 활동에 사용하는 기능, 경험, 지식을 습득
해 만들어내는 신묘한 솜씨나 재주를 말한다. 그리고 예술은 신묘한
솜씨나 재주가 담긴 기술에 영혼의 아름다움을 부여한 수준, 경지라고
말할 수 있다. 이 기술과 예술은 똑같이 근로 소득의 도구이다. 기술이
든, 예술이든 그것을 통해서 밥벌이하는 건 '자者'의 노동 영역으로, 이
를 노동자 또는 기술자라고 말한다. 그들은 예술 노동을 해야만 밥을
먹을 수 있다. 음악 공연을 하고, 그림을 그리고, 글을 써서 돈을 벌어
야 한다. 몸이 아프거나 그가 지닌 예술의 가치가 떨어지면, 일순간에
나락으로 떨어지기도 한다. 대표적인 예술 노동자인 고갱, 고흐, 이중
섭은 당대 삶이 비참했다.

둘째 단계는 예술 자본가다.

기술이나 예술을 라이선스로 만들었거나 혹은 특허·저작권으로 만

들어서 그것을 통해서 노동하지 않고도 돈을 벌 수 있는 구조를 만들어낸 예술가이다. 주로 저작권료나 인세, 판권으로 지속적으로 돈을 벌 수 있는 구조를 갖춘 예술가이다.

셋째 단계는 예술 사업가이다.

예술 사업가는 예술을 사업으로 볼 줄 아는 안목이 있는 사람이다. 사업가 능력은 예술적 능력과는 다르다. 사업가는 다섯 가지 능력이 있어야 한다. 아이템을 보는 눈, 사업을 실행하는 발, 사업 자원을 모으는 손, 그리고 눈과 발과 손을 시스템화하는 머리, 위험의 냄새를 감지하는 코이다. 그들은 이 능력을 활용해서 사업을 창출한다. 예술로 사업하는 예술 사업가도 사업가의 기질을 가지고 있어야 한다. 지금부터는 예술 노동자, 예술 자본가, 예술 사업가를 쉽게 이해하도록, '서태지와 아이들' 해체 이후 멤버 세 사람을 예로 들겠다.

첫째, 예술 노동자는 이주노다. 그는 한마디로 춤꾼이다. 춤에 관한 한 최고의 기술, 예술을 갖췄다. 그러나 춤이라는 육체적 행위는 나이 먹고는 할 수 없는 영역이다. 이주노는 빼어난 춤꾼이었지만, 그룹 해체 후 경제적으로 어려웠다고 한다. 비단 그뿐만 아니라 노동자는 경제적 삶의 주인이 되기 힘든 직업이다. 불황, 위기가 닥치면 제일 먼저 나락으로 떨어지는 사람들이다.

둘째, 예술 자본가는 서태지다. 그는 음반 발매, CF 촬영 등 노동으로 번 소득으로 집과 건물 등 자산을 구축했다. 또한 그가 작사·작곡한 곡의 저작권 소득도 지속적으로 발생한다. 서태지의 자산과 저작권료는 그가 일하지 않아도 계속 소득을 만들어낸다. 보통 예술로 살아가겠다는 사람이 꿈꾸는 이상적인 삶의 모델이다.

셋째, 예술 사업가는 양현석이다. 사업과 자원을 시스템화해서 YG엔터테인먼트라는 회사를 만들었다. 오늘날 YG엔터테인먼트의 시가총액은 8867억 원에 달한다. 예술 자본가에 비할 규모가 아니다.

젊었을 때는 예술 노동자로 살아도 괜찮다. 다만, 몸은 예술로 뛰고 있어도, 머리는 늘 삶의 토대가 무엇인지 살펴야 한다. 여느 직장도 마찬가지다. 근로 소득에 안주하지 말고, 근로 소득을 자본 소득 또는 사업 소득으로 바꿔나가야 한다. 그렇게 늘 미래를 준비해야 한다. 예술가의 기질에 사업적 자질을 갖추기 위한 다섯 가지 경제 감각을 적어둔다. 매의 눈으로 세상을 보고, 아기의 손으로 세상의 일을 바로 실행하고, 마당발로 세상 곳곳을 다녀서 네트워크를 넓혀야 한다. 뱀의 머리로 늘 세상을 시스템적인 사고로 체계화하고, 개의 코로 언제 나타날지 모르는 위험에 대비하고 있어야 한다. 너의 머리에 담아두기를 바란다.

돈의 본질을 읽어라

사람들은 돈, 돈, 돈 하지만 '돈이 무엇인가'라는 질문에는 명확하게 답하지 못 한다. 뭐라고 말 못 하면서도 그 돈을 갖고 싶어 안달이다. 그러나 대부분 사람에게 돈은 이번 생에서 닿을 수 없는 신기루인 경우가 많다. 소수의 사람에게만 누군가를 손가락 하나로 부릴 수 있는 힘, 고층 타워 아파트, 기사가 운전하는 고급승용차가 된다. 모두가 돈의 본질보다 겉모습을 이야기한다.

그렇다면 돈의 본질은 무엇일까? 보통 우리는 돈의 세 가지 기능을 얘기한다. 첫째는 사물의 가치를 나타내는 척도이다. 둘째는 상품 교환의 매개체 역할이다. 셋째는 사유 재산 축적의 대상이다. 우리는 흔히 이 세 가지 기능으로 '돈'을 설명하고는 그만이다. 그렇다. 돈의 기능으로만 설명하고, 돈의 본질은 설명하지 못한다. 그러나 사실은 돈의 개념뿐 아니라 '돈의 속성'을 아는 것이 더욱 중요하다.

이번에는 돈의 속성을 설명하기 위해 다소 이론적인 이야기를 하겠다. 지레 겁먹지 마라. 이해하기 쉬운 이야기다. 아버지는 복잡한 경제 이론을 싫어한다. 또한 복잡한 이론은 일상의 물건을 비유해서 쉽고 단순화해서 이해하는 사람이다. 모르는 것은 말하지 않는다. 말이 어려워지는 건 잘 모르는 것을 설명할 때 일어나는 일이다. 이 글의 주제는 '돈'이다. 경제학에서 돈을 화폐로 부른다. 그러니 전문가적인 표현으로는 자본주의 사회에서 화폐의 역할이라고 할 수 있겠다. 표현이 어떻든 결론은 단순하다. 우리 주변에서 돈이 무슨 짓을 하고 있는지 똑바로 알고, 그 돈을 제대로 알고 쓰자는 것이다.

2009년 6월에 '5만 원' 고액권 지폐가 발행되었다. 발행 전 5만 원권에 그려질 초상화 인물을 두고 논쟁이 있었다. 신사임당이 여성 최초로 지폐의 초상화 인물로 선정되기까지 말이 많았다. 지폐에 초상화가 실리는 건 자본주의 사회에서 가문의 영광이다. 로마 시대엔 화폐에 자신의 초상을 담는 것이 힘을 과시하는 수단이었다. 그래서인지 5만 원권도 인물 선정부터 발행 후에는 그분의 초상화가 뭐가 이렇다 저렇다 말이 엄청 많았다.

아버지는 이 모든 논쟁은 수박 겉핥기였다고 생각한다. 사실 거기에서 짚어야 했던 것은 화폐 가치 하락이었다. 지폐가 100원, 500원, 1,000원, 5,000원, 1만 원에 이어 5만 원권까지 나왔고, 조만간 10만 원권 지폐가 나온다는 건 그만큼 화폐 가치가 하락했다는 뜻이다. 사람들은 핵심을 보지 못하고 물가 상승, 즉 인플레이션만 말했다. 돈의 가치 하락이라는 본질을 놓친 것이라 할 수 있다.

조금 더 깊이 따지고 보면, 우리가 사용하는 물질의 본질적 가치는 그렇게 급격하게 변하지 않는다. 상품의 수요와 공급의 불균형이 그렇게 크지 않기 때문이다. 예를 들면 1990년 아파트의 수요와 공급은 2020년 아파트 수요와 공급의 균형과 크게 차이가 나지 않는다. 아파트의 공급량 대비 주거 수요량을 나누어 상승 배수를 산정하면, 2배가 넘지 않는다. 그러나 압구정 모 아파트 값은 거의 40배가 오른 경우도 있었다. 화폐 가치 측면에서 말하면, 아파트 가격이 20배 올랐다는 건 화폐 가치가 20배 가까이 하락했다는 의미이다. 돈의 입장에서 생각하면, 자기 가치가 시간이 지날수록 똥값이 되어가고 있다는 사실이 억울한 것이다. 바로 5만 원권 지폐는 돈이 똥값인 시대를 보여주는 상징인 셈이다. 그 사실을 알아야 돈의 본질을 이해할 수 있다.

이런 의문 하나가 떠오를 수 있다.

"아버지, 어차피 모든 사람이 가지고 있는 돈의 가치가 하락하니,

공평한 거 아닙니까?"

절대 아니다. 경제를 모르는 사람들은 그렇게 생각한다. 하지만 경제 공부를 한 사람은 그 이면을 본다. 상품의 본질적 가치는 하락하지 않은 상황에서 돈의 가치가 하락한 점을 직시한다. 경제 공부를 한 사람은 가치가 변하지 않는 자산을 가지고 있으면, 돈은 저절로 벌 수 있다고 생각한다. 실제 자산과 화폐의 관계를 잘 살피면 저절로 돈을 벌 수 있다. 세상은 점점 돈을 가진 사람이 더 많이 벌 수 있는 금융 자본주의가 굳어지고 있다. 돈만이 돈을 벌 수 있는 자본주의 자산 증식 원리가 더 강력하게 작동하는 불평등 사회가 되는 것이다. 노동으로 열심히 벌지 않아도, 가치가 변하지 않는 물건을 보관하거나, 현시점에서 종잣돈으로 가치가 변하지 않을 물건을 사두면, 저절로 자산의 크기는 점점 커진다. 그 자산이 아파트가 되기도 하고, 채권이 되기도 하고, 금과 은이 되기도 한다. 시간이 지나도 가치 불변인 물건을 사두는 것이 바로 자본 투자다. 금융 자본주의 시대, 즉 세상은 돈을 가지고 돈을 버는 곳이 되었다. 5만 원권 지폐가 그 사실을 방증하고 있다.

어떻게 이런 금융 자본의 세상이 되었을까?

경제사에서 화폐에 관련된 세 가지 사건을 공부해야 금융 자본주의를 이해할 수 있다. 과거의 일이 지금 시대에 무슨 도움이 되냐며 다 헛것이라고 생각하고 있다면 경제 바보다. 현재의 너를 이해하려면 태어나고 자라온 과거를 알아야 한다. 그래야 네가 어떻게 살아갈지 미래도 짐작할 수 있다. 돈도 마찬가지다. 돈은 어느 날 하늘에서 뚝 하고 떨어진 것이 아니다. 누군가에 의해서 만들어졌고, 그것이 그 사회 구성원들이 사용하면서 현재의 돈의 모습이 되었다.

지금부터 돈의 과거로 돌아가서 어떻게 돈이 현재의 모습이 되었는지 살펴보자. 돈의 과거에는 세 가지 대변혁이 있었다. 그 세 가지 대변혁을 이해하면, 오늘날의 돈의 모습이 왜 이렇게 되었는지 알 수 있다.

첫 번째 돈의 대변혁은 1694년 잉글랜드 은행의 탄생이다.

잉글랜드 은행은 최초의 현대적 은행으로, 국가의 채무에 기반을 둔 국가 화폐를 처음 발행했다. 여기에 기반해 현재 세계 국가가 자국의 화폐를 발행하고 있다. 우리나라를 예로 들면 이렇다. 중앙은행인 한국은행이 대한민국 국가가 보증하는 돈을 발행해 각 시중 은행에 유통한다. 돈은 국가가 발행하는 것이 아니다. 국가는 국민의 세금을 담보로 채권을 발행해서 한국은행에서 발행한 돈을 빌리는 채무자다. 지금은 당연하다고 여기는 이런 화폐 발행 시스템을 처음 시작한 것이 바로 잉글랜드 은행이었다. 그전까지는 지폐가 아니라 금·은·동으로 만든 동전이 돈의 역할을 했다. 현대의 지폐는 잉글랜드 은행을 기점으로 중앙은행에서 발행하여 유통하는 시스템이 되었다. 현대화된 돈의 개념이 비로소 생겨난 것이다.

지폐는 초기에 금 보관증에서 시작되었다. 금을 맡기면 그에 대한 차용증을 발행했는데, 그것이 화폐처럼 상용되면서 지폐가 되었다. 차용증을 금으로 교환해준다는 신뢰가 지폐를 만들어냈다.

두 번째 돈의 대변혁은 1944년 브레턴우즈 체제이다.

브레턴우즈 체제는 '달러의 전성시대'를 열었다. 브레턴우즈 체제는 금 1온스를 35달러로 정하고 각국의 화폐를 달러에 고정한 환율제도로, 세계 국가의 통화는 이때부터 미국 달러로 환율이 정해졌다. 쉽게 말해 미국의 돈이 세계의 돈, 기축 통화가 되었다는 의미다. 이것이 '금 태환 본위제도'이다.

금 태환 본위제도라는 말이 어렵게 느껴지니? 유식한 사람들이 이리저리 꼬아서 복잡하게 만든 경제 용어다. 그냥 쉬운 말로 비유하마. 네 키가 180cm라면, 네 키를 기준으로 모든 남자의 키를 보는 것이다. 네 키인 180cm를 기준으로, 185cm는 '+5'이고, 170cm는 '-10'이다. 네 키를 기준으로 다른 사람의 키를 평가한 것처럼, 금 태환 본위제도는 각국 화폐의 가격을 달러를 기준으로 하는 것이다. 오늘 외환시세가 1달러 1,158원이다. 미국 돈 1달러를 우리나라 돈 1,158원으로 교환할 수 있다는 의미이다. 1달러 환율이 1,158원에서 1,000원이 되었다면, 그것은 이전에는 1,158원을 줘야 1달러로 바꿀 수 있었지만, 이제는 1,000원만 줘도 1달러로 바꿀 수 있다는 것이니 원화의 가치가 올랐다는 의미이다.

　세계 모든 무역은 달러로 이루어지고 있다. 우리나라가 다른 나라 물건을 산다면, 그 시점의 환율에 따라 원화를 달러로 바꾸어 상품을 구매한다. 이렇게 달러를 화폐의 기준으로 삼으면서 미국은 멋대로 '세계의 돈'을 자기 마음대로 주무르기 시작했다. 이 사건이 바로 '브레턴우즈 체제'다. 너희는 미국이 자기 멋대로 화폐를 좌지우지하는 상황이 못마땅할 것이다. 그러나 더 경악을 금치 못할 사건은 세 번째 대변혁이다.

　세 번째 돈의 대변혁은 1971년 8월 15일 닉슨의 달러 금 태환 중단이다.

　브레턴우즈 체제는 달러를 기축 통화로 만들었지만 그래도 보관된 금의 지급준비율 내에서 화폐를 발행했다. 닉슨의 달러 금 태환 중단 선언은 이제부터는 금과 관계없이 자기들 멋대로 세계의 돈을 발행하겠다는 선언이다. 어쩌면 국제 사회의 경제 윤리는 초등학생 또래 집단의 수준도 못 된다. 자기 멋대로 돈을 발행해서 자기 멋대로 쓰겠다는 논리가 도대체 말이 되지 않는다. 그런 일이 일어나고 있는 곳이 지금의 세상이다. 그때부터 미국은 자기가 필요하면 다른 나라가 어떻게 되든 마음대로 돈을 찍어내는 화폐 시스템을 만들었다.

　달러의 금 태환제를 중단한다는 이야기는 다른 말로 표현하면 "이제부터 세계의 돈을 내 마음대로 발행할 거야, 그리들 알고 있어."라는 막말이다. 우리가 겪은 1998년 IMF 외환위기도 사실은 미국 통화 정책의 희생이라고 보면 된다. 2008년 글로벌 금융위기도 마찬가지다. 이제는 미국이 세계의 돈을 발행하고 싶으면 마음대로 발행할 수 있다. 이렇게 세계는 인플레이션의 일상화, 즉 돈의 똥값 시대가 펼쳐진 것이다.

돈의 속성에 대한 정의, 세 가지를 정리한다.

첫째, 잉글랜드 은행으로 현대의 화폐 발행 시스템, '현대의 돈'이 생겼다.

둘째, 브레턴우즈 체제로 미국 달러가 '세계의 돈'이 되었다.

셋째, 닉슨의 금 태환 중단으로 미국은 자기들 마음대로 '세계의 돈, 화폐 발행권'을 가졌다.

이 세 가지를 정리하고 보니, 돈의 미래가 어떻게 흘러갈지 대충 짐작이 갈 것이다. 미국은 저금리로 현금 유동성을 늘리고, 이도 안 되면 FED가 돈을 발행하고, 미국이 국가 채권을 매입하면 달러 통화량이 늘어나고, 달러 가치가 하락하면 각국에 수출을 늘려서 미국의 짐을 세계에 떠넘길 것이다. 그러면 우리나라도 타격을 받는다. 더 무서운 것은 1998년 외환위기 때 달러 자본으로 우리나라 은행과 대기업 지분을 이미 강탈해갔다는 것이다.

아버지는 돈의 가치는 계속 떨어질 거라고 본다. 가치가 변하지 않는 안전 자산에 투자해야 하는 이유가 여기에 있다. 너는 지금부터라도 부동산, 주식, 채권, 금과 은 등 투자 자산을 경험해야 한다. 돈의 속성을 명확하게 이해하고, 안전 자산이 무엇인지 깨닫기를 바란다. 마지막으로 메이어 암셀 로스차일드의 등골이 오싹한 말을 남긴다.

"내가 한 국가의 화폐 발행권을 관장할 수 있다면 누가 왕이 되든 나는 상관없다."

이렇게 화폐 발행권이 몇 사람에 의해 좌지우지되는 세상이 바로 금융 자본주의 세상이다. 즉 화폐의 가치는 화폐의 양에 따라 유동적이다. 이런 금융 자본주의 사회에서 화폐와 경제의 상관관계를 명확하게 이해하는 경제 지식이 필요하다. 그 경제 지식 없이 살아남기는 만만치 않을 것이다. 그러나 너희를 믿는다. 너희는 언제나 나의 자긍심이다. 너희는 할 수 있다.

사랑한다. 아들아.

★ ★ ★ ★ ★

3

투자편

— • • • • • • • • • • —

모으고 불리는
기술

재무제표 못 보면 주식 투자하지 마라

"아버지, 저 주식 공부해보려고요. 병장 월급 중 절반을 쪼개서 소액 우량주를 사는 거로 시작할 계획입니다. 그래서 우선 재무제표 보는 법을 알려주세요."

나는 너의 그 말을 듣고 참 대견했다. "주식 공부해보려고요."라는 말 뒤에 이어진 "재무제표 보는 법을 알려주세요."라는 말 때문이다. "어떤 주식이 좋아요? 소스 있으면 딱 하나만 찍어주세요." 만약 이렇게 물어보았다면, 아버지는 주식에 손도 대지 말라고 했을 것이다. "하나만 찍어주세요."라는 말은 보통 처음 주식 하는 사람들이 던지는 질문이다. 최저점에 사서 최고점에 팔겠다는, 투기 의도로 이런 질문을 던진다. 그런데 우리 아들은 대견하게도 회사 재무제표 보는 법을 질문했다. 아버지는 그 점이 좋았다. 주식 투자는 네가 투자하는 회사의 재무 상태를 파악하는 게 먼저다. 대부분은 이 핵심을 놓치고 투자한다. 우리 아들은 대견하다. 먼저 재무제표 이전에 주식이 무엇인지 살펴보는 것도 의미 있겠다.

주식이란 주식회사의 자본을 이루는 단위로서 금액, 금액 전제 주주의 권리와 의무를 말한다. 여기서 핵심은 '자본을 이루는 단위로서 금액'이라는 말이다. 자본을 이루도록 투자받고, 투자하는 돈이다. 그래서 투자하는 사람은 투자 대상이 누구인지를 아는 것이 중요하다. 쉽게 설명하면, 돈을 빌려줄 때 그 사람의 능력과 자본 상태가 어떤지 꼼꼼하게 살펴야 하는 이치다. 주식 투자하면서 투자할 회사의 재무 상태를 모른다는 것은 어떤 사람인지도 모르고 돈을 빌려주는 것과 같다. 사람들은 적은 돈은 꼼꼼하게 살피면서, 제도 안에서 거대하게 규모를 이룬 돈에는 허술하다. 이렇게 의외로 본질을 놓치는 경우가 많다.

네 생각보다 주식을 사면서 해당 회사의 자본 흐름을 보지 않는 사람이 많다. 왜냐하면, 재무제표를 따져보기가 쉽지 않고, 본다고 해도 이해가 어렵기 때문이다. 그러나 재무제표가 어렵다는 것은 절반은 맞고 절반은 틀리다. 재무제표는 회사의 상태를 정확하게 보여주기 위해

딱딱할 따름이다. 그 안의 논리만 이해하면 재무제표는 너에게 가장 솔직한 친구가 된다. 알면 알수록 그 본질에 따뜻한 논리가 숨어있다. 너는 재무제표와 친구가 되어야 한다.

재무제표를 친구처럼 대하기 위해서는 보는 순서가 중요하다. 네가 봐야 할 우선순위는 '매출과 영업 이익'이다. 매출은 그 회사의 크기를 보여주고, 영업 이익은 그 회사의 성과를 파악할 수 있게 해주기 때문이다. 사업 규모가 어느 정도인지를 알고, 그 사업을 통해서 이익을 얼마나 내는지 알 수 있다. 파악한 매출 규모와 영업 이익을 그 회사의 시가총액과 비교하면 된다.

A라는 회사의 예를 들어보자. 주식 액면가 5,000원, 전일 종가 10만 원이다. 시가총액은 6조 6000억 원이다. 그런데 A회사의 연 매출액은 2000억 원이고, 영업 이익은 20억 원으로, 영업 이익률이 1%이다. 애플이 매년 20~30%대의 영업 이익률, 삼성전자는 매년 10~20%대의 영업 이익률을 내고 있다. 여기에 비하면 1%라는 영업 이익률은 말이 되지 않을 정도의 낮은 수익성이다. 재무제표상으로는 도저히 납득할 수 없는 주가이다. 이렇게 최소한 연 매출액과 영업 이익만 따져봐도, A회사의 주식 시세 흐름이 이상하다는 것을 파악할 수 있다. 미심쩍은 주식 흐름의 원인을 깊게 파악하려면 사회적 상황, 분기 또는 반기의 주식 흐름 등 주식 변수 요인을 살펴야 한다. 이상을 감지하는 건

너 스스로 하고, 분석은 전문가들에 맡겨서 파악하면 된다. 어떤 변수로 그렇게 오르는지 분석하라는 뜻이 아니다. 재무제표 관점으로 보았을 때 A회사의 주식에 뭔가 이상한 구석이 있다는 정도는 알고, 이유를 분석한 자료를 읽어낼 정도의 눈을 가지라는 뜻이다. 이렇게 바라보는 눈이 생기면, 현재 재무 상태를 정확히 알게 되고, 주요 변수가 재무 상태에 어떤 변화를 줄 지 알 수 있다. 이걸 모르고, 주식 시장의 데이터 흐름만으로 주식에 투자하는 것은 너의 경제 공부에 아무런 도움이 되지 않는다.

너는 나에게 말했다.
"주식으로 경제 공부하면서 용돈 정도 벌어볼 생각입니다."
아버지는 너에게 말한다.
"재무제표를 보지 않고, 주식 시장의 데이터 흐름만을 공부해서 용돈을 벌겠다는 생각이면 하지 마라. 그 정도 용돈은 아버지가 줄 수도 있다. 다른 방식으로 경제 공부하는 것이 차라리 낫다."

지금까지 주식 속 나무를 이야기했다. 지금부터는 주식의 숲을 말하려고 한다. 주식에도 숲과 나무가 있다. 주식의 나무는 재무제표이고, 주식의 숲은 주식 시장 지수이다. 주식 시장은 주식을 사고파는 행위가 일어나는 시장을 말한다. 증권거래소이다. 주식 중 상장된 주식 종목을 취급하는 곳을 코스피 시장이라고 한다. 네가 공부해야 할 코스피 시장이 바로 숲이다. 너도 코스피 지수라는 말을 들었을 것이다. 우선 코스피 개념에 대해서 살펴보자.

KOSPI Korea Composite Stock Price Index로서 '한국 종합주가지수'라고 한다. 즉, 코스피 시장은 한국 거래소에 상장된 회사의 유가증권이 유통되는 시장을 말한다. 어제는 코스피 지수가 3,000이었다. 3,000이라는 숫자가 어떤 의미를 지니고 있는지 정확히 알고 있어야 한다. 그래야 주식의 숲을 이해하고, 거시적 관점에서 투자할 수 있다. 신문에서 말해주는 코스피 숫자를 이해도 못 하고 마냥 머릿속에 담아둘 것이 아니다. 그 의미를 이해해야 주식의 숲을 바라보는 눈이 생긴다.

코스피 지수가 어떻게 만들어졌는지 알아보자. 코스피 지수는 한 마디로 종합주가 비교 수치이다. 예를 들면 어떤 기준 시점을 100이라고 하고, 지금 3,000이면 기준 시점 대비 30배가 커졌다는 의미다. 코스피 지수가 바로 이런 주가 비교 지표이다. 코스피 지수는 1980년 시가총액을 100이라고 놓고, 그 후에 주식 거래로 주식 시장에 자금이 유입되어 금액이 늘어가는 비율을 숫자로 표시한 것이다. 코스피 지수가 3,000이라면, 1980년 시가총액 기준인 100에 대비하여 대략 30배 정도 시가총액이 늘어났다는 이야기이다. 현재 코스피 전체 시가총액은 약 2000조 원이다. 1980년 코스피 전체 시가총액 67조 원을 100이라고 하면, 현 시가총액이 2000조 원이 넘어가면서 코스피가 3,000에 이르게 된 것이다.

이렇게 현재 코스피의 정확한 의미를 이해하면, 앞으로 코스피 시장이 어떻게 움직일지 예측하는 것도 어설프게나마 해볼 수 있다. 예를 들면, 팬데믹으로 침체된 경기 부양을 위해서 시중에 돈을 풀어버리는 양적 완화 정책을 실시하면, 앞으로도 유동 자금은 주식 이외에 투자할 곳이 없다. 그래서 계속해서 주식 시장으로 자금이 유입될 것이다. 그러면 코스피는 계속 올라갈 것이다. 이런 식으로 예측해 볼 수 있다. 무엇이든지 기본 골격을 알면, 어떻게 흘러가는지 흐름을 예측할 수 있다. 주식 시장의 숲을 알고 상장 주식의 차트를 보면 흐름을 쉽게 이해할 수 있다.

이제 주식이 어떻게 만들어졌는지 알아보자. 주식의 존재 이유 말이다. 모든 사업에는 예나 지금이나 위험이 도사리고 있다. 주식 개념이 처음 발생한 16세기 대항해 시대는 더 위험했다. 당시 사람들은 어떻게 위험을 분산하면서 해상 무역에서 높은 이익을 얻을 수 있을까 고민했다. 그때 만들어낸 방법이 주식이라는 증서였다. 여러 사람이 조금씩 항해에 필요한 자금을 대고 증서를 받는다. 증서의 조건은 실패하면 증서는 종이가 되고, 성공하면 이익금의 비율로 배당을 받는 방식이었다. 즉 자기가 낸 돈만큼 위험을 책임지고, 성공하면 투자한 비율대로 막대한 이익금을 받는 거다. 그 당시에 해상 무역은 위험이 컸다. 한 사람이 모든 자금을 다 내기 어려웠다. 여러 사람이 각자 돈을 십시일반으로 내면 막대한 자금 확보도 가능하고, 위험도 분산됐다. 이렇게 주식이라는, 투자한 금액만큼 손실의 위험을 감수하고, 대신에 이익이 발생하면 이익금을 주식 금액 비율로 나누는 제도가 탄생했다. 주식은 사업의 위험성을 해소하면서 큰 자본을 모으기 위한 제도로 발전했다. 그리고 개별적으로 이루어지던 소규모 자본 시장을 크게 만들어 누구나 사고팔 수 있도록 만든 것이 현재 주식 시장이다.

주식이 없었다면 자본주의는 지금처럼 발전하지 못했을 거다. 주식 시스템은 자본주의의 꽃이다. 모든 사업은 초기에 막대한 자금이 들어간다. 자기 돈만으로 불가능하다. 그래서 주식 시스템을 통해 자본을 모으는 방식이 생겨났다. 그런데 유독 우리나라는 주식이 위험하다는 선입견이 강하다. 왜 우리나라만 사업하면 패가망신한다는 의식이 뿌리 깊게 자리 잡았을까? 왜냐하면 사업을 자기 돈으로 하기 때문이다. 우리나라 사업자의 대부분은 개인 사업자로 전체의 95%에 해당한다. 개인 사업자는 혼자 사업체를 꾸리거나 두엇 남짓한 사람들이 동업하는 정도다. 개인 사업자는 3년 동안 35%도 채 살아남지 못한다. 65% 개인 사업자는 망하는 것이다. 그래서 사람들은 두 가지를 인식한다. 사업하면 결국 망한다. 또 누군가와 동업하면 망한다. 이렇게 해서 자본주의의 꽃인 주식 제도가 우리나라에는 제대로 뿌리내리지 못했다. 주식회사를 알아야 주식에 투자하는 안목이 생기는데, 그간 주식 투자를 기피하는 경향이 있었다. 주식 투자를 공부하는 건 금융 자본주의 시대에 꼭 필요한 경제 감각이다. 배워야 한다.

직접 사업에 뛰어드는 건 오랫동안 경력을 쌓고, 탄탄한 사업 아이템을 만든 후여야 한다. 그렇게 준비하고도 사업은 실패하는 경우가 많다. 그래서 주식을 통해서 사업에 투자하고 투자받는 것이 현명하다. 사람들은 그 주식 투자마저도 투기로 오해하고 기피하곤 했다. 주식 투자를 공부해서 산업경제 흐름을 이해할 수 있는 식견을 넓히도록 해야 한다. 다만 주식 투자와 관련해 두 가지만 당부한다.

첫째는 꼭 재무제표를 보라는 것이다.
단 한 주를 투자하더라도, 그 회사의 재무제표를 보고 미래의 성장 가능성을 보고 투자해라.

둘째는 장기적으로 가치 투자하라는 거다.
주식이란 처음 만들어질 때부터 회사의 장기적인 성장 가능성에 자본을 투자하는 목적이었다. 주식의 본질적인 목적에 부합하는 투자를 하도록 해야 한다. 투기성 단기 투자, 이른바 단타를 해서는 안 된다. 명심해라.

자본주의의 꽃은 주식회사다. 자본주의에는 가계, 기업, 국가라는 세 가지 주체가 있다. 주식은 바로 돈과 사람, 그리고 가계와 기업이라는 자본주의 주체를 서로 연결하는 고리다. 이왕에 배우려고 시작했으면, 제대로 배우길 바란다. 배움을 위한 손실은 너무 걱정하지 않아도 된다. 거시적 경제 흐름과 네가 투자한 회사의 성장성을 파악하는 매서운 눈을 가지는 일에 주력하면 된다. 네가 필요한 용돈 정도는 이 아버지가 교육비 썼다고 생각하고 책임진다. 아버지를 믿고 제대로 해보길 바란다.

  사랑한다. 아들아.

돈을 벌려면 자본주의를 배워라

너도 '법인'이라는 말을 부단히 들어봤을 것이다. 법인은 보이지 않아서 헛것인지 실체인지 알 수가 없는 그림자 같은 존재이다. 어쩌면 경제 공부라는 건 그 자체가 보이지 않는 허상을 실체로 전환하는 과정일 수 있다.

경제의 작동 원리는 생각보다 복잡한 것이 아니다. 용어에 대한 이해만 있으면 작동 원리는 단순해서 이해가 쉽다. 대부분 경제 이해력은 경제 용어를 이해하는 수준에 의해 좌우된다고 보면 된다. 이해가 아니라 단순 암기해서 쌓은 경제 지식은 머리를 짓누르기만 할 뿐이다. 경제 용어를 일상의 용어로 제대로 이해하는 것이 중요하다.

오늘의 주제는 개인, 법인, 회사, 주식, 주식회사 등 경제 용어다. 경제 용어를 우리 주변 일상 속 실체로서 이해하는 공부이다. 경제 주체는 국가, 기업, 가계로 구성되어 있다. 기업은 경제 주체 중 하나로 자본주의 제도 속 핵심 역할을 한다. 그중에서도 특히 법인과 주식회사는 자본주의의 총화이다. 그 둘을 이해해야 자본주의를 제대로 이해할 수 있다.

법인과 주식회사의 탄생은 자본주의와 궤를 같이한다. 두 제도가 만들어지는 과정에서 자본주의는 그 모양을 갖출 수 있었다. 법인은 주식회사가 자리 잡는 과정에서 만들어졌다. 법인과 주식회사라는 말은 서로 연결되어 있다. 그러니 법인을 공부하면 주식회사, 현대 자본주의의 탄생 그리고 무엇보다 자본주의의 혈액인 돈을 이해하는 기본 토대가 된다.

법인은 개인(자연인)이 아니라 법에 따라 권리와 능력이 부여된 법률적인 사람을 말한다. 너는 여기서 개인(자연인)과 법인의 차이점을 이해하는 것이 필요하다. 사람을 생물학적 성별에 의해서 나누면, 남자와 여자다. 생물학적 기준으로 XY 염색체는 남자이고, XX 염색체는 여자로 구분한다. 남자와 여자가 염색체 차이라면, 자연과 법인은 법률적 권리와 의무의 차이로 구별한다. 개인과 법인은 법의 테두리 안에서 권리와 의무가 구별된다.

첫 법인은 최초의 주식회사인 동인도 회사에서 태어났다. 16세기 초 포르투갈은 인도양을 지나는 해상 무역을 독점했다. 네덜란드는 새로운 항로를 개척해 해상 무역에 참여하고 싶었다. 소규모의 개인 무역상으로는 한계가 있다고 판단하여, 여러 개의 개인 회사를 하나로 묶어서 새로운 형태로 만들고자 했다. 이때 만들어진 것이 바로 네덜란드 동인도 회사이다. 여러 사람이 돈을 투자하고, 대표적인 한 사람이 통합해서 운영하는 방식이었다. 여러 사람이 돈을 투자했으니 협의를 통해서 운영해야 했는데, 매번 그렇게 하는 건 시간 낭비였다. 그래서 운영을 독자적으로 할 수 있는, 대표라는 상징적인 존재가 필요했다. 그리고 그 대표 자리는 투자한 사람들의 이름이 아니라 법적인 존재를 만들어 상징하도록 만들었다. 이때부터 주식회사는 개인이 아닌 법인이 법적 의무와 권리를 지고 회사의 대표가 되었다. 이렇게 주식회사가 만들어지면서 '법인'이라는 보이지 않는 존재가 실체가 되었다. 법인은 주식회사라는 보이지 않는 실체를 대표하는 법률적 권리와 의무를 부여받은 사람이다.

회사란 상행위 기타 영리를 목적으로 설립한 사단법인을 말한다. 기업은 이윤 획득을 목적으로 운용하는 자본의 조직 단위로, 회사와 비슷한 말이지만 약간은 다르다. 회사가 구체적인 실체라면, 기업은 개념이라고 보면 된다. 기업은 회사의 집합체라는 의미를 지닌 개념이다. 구체적이고 개별적인 실체는 회사로서 존재한다. 요즘 회사는 대부분이 주식회사다. 그래서 주식회사에 관해 살펴보는 게 중요하다.

주식회사는 자본주의의 꽃이다. 주식회사라는 제도가 있었기에 현대의 물질문명이 만들어진 것이라고 볼 수 있다. 그래서 주식회사에 대한 명확한 이해가 자본주의를 이해하는 기본 토대다. 주식회사는 다섯 가지의 특징을 가지고 있다. 그 특징 속에 주식회사를 이해하는 단서가 있다.

첫째, 주식회사는 주식에 의한 유한 책임을 진다.

주주의 유한 책임을 바탕으로 주식회사가 만들어졌다. 그래서 개인이 자기가 소유한 자본 내에서 회사에 투자할 수 있는 구조가 만들어진 것이다. 회사를 만들어 사업 활동을 하지 않고도 회사에 투자해서 자본 투자로 회사에 참가할 수 있게 된 것이다. 이렇게 투자 자본의 소액화와 책임의 한계는 대규모 자본 모집의 토대가 되었다. 주식회사의 특징 대부분은 여기에서 기인한다.

둘째, 주식회사는 소유와 경영을 분리할 수 있다.

자본의 소유와 경영이 분리되는 구조이기 때문에 상법에 의해 의사결정을 한다. 주주총회, 이사회, 대표이사의 의사 결정 기관이 있고, 이를 감시하는 감사가 있다. 소유와 경영을 분리한 전문 경영 제도가 있었기에 거대한 기업이 출현할 수 있었다.

셋째, 주식회사는 주식 이전의 자유가 있다.

주식은 자유롭게 사고파는 일이 가능하다. 그래서 누구나 주식을 통해 주식회사에 투자할 수 있다. 사람들은 쉽게 투자하고, 주식회사는 대규모 자본을 모을 수 있다. 부동산처럼 덩치가 큰 물건은 수시로 자유롭게 현금화할 수 없기 때문에 안전 자산임에도 유동성이 떨어진다. 반면에 주식은 언제든지 소액 단위로 현금화할 수 있다. 현금 유동성이 높다는 장점이 대규모 자본 집약이 가능하게 했고, 이렇게 집약된 자본은 경제 성장을 이끄는 원동력이 되었다. 철도, 석유, 자동차, 전자, 바이오 등 기업은 주식에 의한 자본 모집이 없었다면 불가능했다.

넷째, 주식회사는 사업의 연속성이 있다.

예를 들면, B라는 회사는 회장이 작고해도 아들인 부회장이 이어받아서 법인으로 연속될 수 있다. 물론 증여와 상속은 법적인 절차를 따라야 한다.

다섯째, 주식회사는 주식 가치 성장과 이익 배당을 한다.

주식회사가 성장하면 주식 가치가 상승하여 투자자의 자산을 증식시키며, 투자자는 매년 사업의 성과에 따른 배당금을 받을 수 있다. 주식은 자산이며, 자산 이익을 만들어 준다.

법인과 주식회사의 개념이 이해가느냐? 네가 법인과 주식회사를 이해하고 있어야 현재 일어나는 경제 현상을 이해할 수 있다.

한 가지 질문을 하겠다. 너는 B라는 회사의 주인은 누구라고 생각하느냐? 최대 주주인 ○○회장의 소유냐? 아니면 'B'라는 법인의 소유냐? 정답은 B라는 법인이다. 다만 주주들이 자기 지분만큼 권리를 가지고 있는 것뿐이다. B회사의 대주주인 ○○회장의 B회사 지분은 2% 미만이다. 다른 계열사 지분을 다 합해도 18%가 되지 않는다. 그런데 어떻게 B회사의 주인 역할을 할 수 있을까? 그 비밀은 바로 의사 결정 기관의 장악력에 있다.

정관 규정에 따라 의사 결정 기관을 모두 장악하는 것이다. 특히 이사, 이사회, 대표이사에 의한 의사 결정을 장악해서, 주주총회를 유명무실하게 만들고, 여기에 법적으로 견제하도록 만들어 놓은 감사 기능마저 허깨비로 만들어 버리는 것이다. 주식회사의 권력 싸움은 이사회의 싸움이고, 특히 그중에 대표이사 선임의 싸움이다. 왜냐하면, 모든 권한이 대표이사에 의해서 좌우되는 구조이기 때문이다.

역사적으로 보면 결합된 힘을 가진 소수가 결속이 없이 흩어진 다수를 지배해왔다.

결속된 소수는 조직적인 권한을 가지고, 다수의 소액 주주를 마음대로 통제한다. 최대 주주인 회장은 이사회를 장악해서, 그 이사회를 통해서 자기 뜻대로 대표이사를 선임한다. 그 대표이사는 막강한 권한을 갖기 때문에, 마치 회사가 회장의 소유물처럼 인식된다. 앞으로도 대주주에 유리한 주식회사 시스템은 계속될 것이다. 대주주인 소수가 소액 주주의 이익을 좌우하는 구조 말이다.

주식 투자를 할 때, 사업가가 되려고 할 때, 뉴스를 볼 때, 너는 이런 자본주의의 맹점을 인식해야 한다. 최소한 법인이 무엇인지, 주식회사가 무엇인지는 알고 있어야 경제 흐름을 따라갈 수 있다. 나는 네가 법인과 주식회사라는, 자본주의의 핵을 보았으면 한다. 아버지는 너를 믿고 있다.

사랑한다. 아들아.

자기 돈, 남의 돈, 투자받은 돈

"무릇, 움직이는 것은 나뭇가지도 아니고 바람도 아니며 네 마음뿐이다."

영화 〈달콤한 인생〉 시작 내레이션이다. 왜 이 이야기를 하는가 하면 오늘 돈의 종류를 설명하기 위해서다. 돈을 움직이는 건 나뭇가지도 아니고 바람도 아니며 네 마음속 생각에 달려 있다. 그러니 돈을 세세하게 구별하는 능력이 있어야 한다. 세상 속 흐름에 의해서 돈을 파악하려고 하면 돈의 본질을 놓친다. 세상 속 돈을 살피기 전에 내 주머니 속 돈의 속성을 살펴야 한다.

사람의 주머니 속 돈은 보통 세 종류가 있다. 첫째, 온전한 너의 돈이 있다. 둘째, 남에게 빌린 돈이 있다. 셋째, 남에게 투자받은 돈이 있다. 같은 돈이지만, 그 돈의 성격은 딴판이다. 돈은 겉이 같다고 속도 같은 건 아니다.

너희 형제를 예로 들어 설명하겠다. 너희 둘은 한 부모에게서 태어났지만, 성격이 정반대이다. 형은 외향적이고 화려하지만 동생은 내성적이고 실속을 챙기는 스타일이다. 너희 둘은 생물학적 유전자의 배열은 99.9% 일치하지만, 이렇듯 딴판이다. 한 형제라도 성격이 다르듯이 돈도 내 주머니 속에서 전혀 다른 역할을 한다.

사람들은 돈의 성격을 자산, 부채, 자본, 채권, 주식, 투자, 차입이라는 말로 표현한다. 경제 교과서에서 분류하는 방법이다. 교과서의 설명은 때로 책상 앞을 벗어나지 못한다. 우리의 실생활에는 동떨어진 경우가 많다. 생각 속 돈과 현실 속 돈이 다른 모양을 하는 것 때문에 혼란을 겪는다. 이론이 아니라 일상 언어로 돈의 본질을 꿰뚫는 것이 중요하다.

다른 돈의 분류법들은 다 잊어버리고, 아버지의 분류법으로 돈의 속성을 정리해 보자. 네 주머니 속 돈은 오직 자기 돈, 빌린 돈, 투자받은 돈, 이렇게 이 세 가지다. 세 종류를 자세히 살펴보면 다음과 같다.

첫째, 온전한 '자기 돈'이다.

사람들은 이 돈만을 자기 돈으로 여긴다. 경제 문맹들은 이것만을 마음대로 쓸 수 있는 돈으로 여긴다. 순수한 노동으로 벌어들인 돈이 여기에 해당한다. 가능하다면 이런 돈이 주머니에 가득한 것이 당연히 좋다. 그러나 세상은 그렇게 만만하지 않다. 이 돈만을 모아 네 주머니를 채우는 것은 불가능하다. 물론 이 돈은 주머니에 일정 비율 이상 유지해야 한다. 흔히 자기 자본 비율이라는, 재무제표 지표로 쓰인다. 그래서 자기 돈은 가장 중요한 돈이다. 너의 주머니 속 자기 돈은 최소 30% 이상 유지하도록 해라. 30% 이하가 되면 주머니 속에 돈이 있더라도 주도적인 소유권을 제대로 행사할 수 없기 때문이다.

둘째, 남에게 빌린 돈이다.

사람들은 이 돈을 빚이라고 한다. 남에게 빌린 돈은 반드시 갚아야 한다. 이 돈은 채무 의무가 있어서 원금과 이자를 꼬박꼬박 갚아야 한다. 1,000만 원을 빌리면 갚아야 할 날짜에 반드시 1,000만 원을 상환해야 하고, 상환하지 못하면 그것이 바로 부도다. 그러니 남에게 빌린 돈은 네 주머닛돈의 30% 이하로 관리해야 한다. 이 돈은 네 주머니 속에 있어도 영원히 네 돈이 될 수 없는 돈이다. 빌리는 돈은 그래서 신중해야 한다. 빌리는 금액과 빌리는 시기, 그리고 무엇보다 빌리는 대상이 중요하다. 흔히 말하는 이자율이 높은 달러 빚, 대부업 빚을 썼다가는 네 경제를 망친다. 신뢰도 높은 기관 또는 사람에게만 빌리고,

30% 이하로 빌리도록 해라. 빌려준 사람은 채권자가 되고, 너의 입장에서는 채무가 된다.

셋째, 투자받은 돈이다.

투자받은 돈은 언뜻 보면 빌리는 돈과 비슷해 보인다. 그러나 그 성격은 전혀 다르다. 남의 돈이라는 점은 같지만 빌린 돈은 원금을 갚아야 하는 돈인 반면에, 투자받은 돈은 원금을 갚을 의무가 없다는 점이 다르다. 투자받은 돈은 원금 상환 의무는 없지만 온전한 너의 돈처럼 가치를 상승시켜야 하는 돈이다. 투자자는 돈의 소유권을 너에게 주고, 대신 지분을 받아 가는 것이다. 네가 너의 자산 가치를 상승시킬수록 투자한 돈의 가치가 상승하기 때문이다. 투자받은 돈으로 가장 대표적인 것이 주식이다. 너도 잘 알고 있는 '빅히트 엔터테인먼트'의 주식으로 투자받은 돈의 특징을 설명해 주겠다.

〈매일경제〉 2020년 10월 22일 자에 "주식 상장 직후 팔아 3644억 원 현금화한 '빅히트' 4대 주주"라는 기사가 있었다. 그 4대 주주가 살 때 빅히트 엔터테인먼트 주식 액면가가 500원이었다. 그는 120만 주를 가지고 있었다. 액면가 500원을 120만 주 가지고 있었으니, 초기 투자 금액은 6억 원이었다. 그리고 상장하면서 주식 가치는 500배 상승해서 500원짜리가 25만 원이 되었다. 그래서 주식 상장 직후 팔아서 3644억 원을 받았다. 주식이 500배 상승한 것이다.

'자기 돈'이 부족한 사람은 투자받아서 사업을 한다. 투자받은 돈의 소유권은 100% 받은 사람이 가진다. 대신에 그 돈을 증대하는 의무를 이행해야 한다. 만약에 어떤 사업으로 투자받으려고 하는데, 성공 확률이 낮다면 아무도 투자하지 않는다. 그러니 다른 사람에게 투자를 받으려면 '사업이 성공할 수 있다'는 신뢰를 주어야 한다. 이를 되새기길 바란다. 투자받은 돈은 원금을 갚을 의무는 없지만, 대신에 투자받기 위해서 그만한 가치를 제공해야 한다. 그러려면 너는 투자받을 가치가 있는 사람이 되어야 한다. 너에게 돈과 시간 그리고 인생을 투자해 줄 사람을 만들어야 한다. 그런 사람이 성공한 사람이다. 예를 들면 마이크로 소프트의 빌 게이츠, 알리바바의 마윈, 페이스북의 마크 저크버그는 자기 돈을 가졌던 사람들이 아니다. 그들에게는 돈을 투자받을 수 있는 능력, 사업 확장의 능력이 있었다. 사람들은 그 능력을 신뢰해서 투자했다.

아들아, 우리 집 돈주머니는 어떻게 구성되었는지 궁금할 것이다. 돈의 운영을 어떻게 하는지 설명하는 차원과 너의 궁금증 해소 차원에서 말해준다. 혹시 우리 돈을 너의 주머닛돈이라고 생각하면 안 된다. 이 돈은 아버지와 엄마 주머니 속에 있다. 우리는 자식에게 상속 또는 증여를 생각하지 않고 있다. 우리 집 돈주머니에는 대략 50억 원이 있다. 첫째, 온전한 내 돈이 70%이다. 둘째, 남에게 빌린 돈이 30%이다. 셋째, 남에게 투자받은 돈이 0%이다. 결국 우리집은 온전한 내 돈만을 가지고 재산을 늘려서 50억 원 수준이 되었다.

결국 백억 원대 이상의 부자가 되는 것은 투자받은 돈 없이는 현실적으로 어렵다. 무엇이든지 좋다. 누군가가 너에게 그의 돈과 그의 시간, 그리고 그의 인생을 투자할 만한 가치를 만들어야 한다. 그러려면 너의 가치는 경제 지식이라는 튼튼한 토대 위에 있어야 한다. 그러기 위해서 경제 공부에 더욱 매진하는 길밖에 없다.

절대 잘리지 않는 직장

오늘 지하철을 타고 오는데 문자를 받았다.

구직급여 ○○○원 국민은행 입금되었습니다. 서울○○센터(다음 실업 인정일: 2020/11/30)

문자는 이렇게 적혀있었다.

아버지는 난생처음으로 실업급여를 받았다. 사실 어제 고용복지센터에서 30분 정도 교육을 받고, '취업 희망 카드'라는 수첩을 받았다. 그 제목 위에는 '실업급여 수급자를 위한'이라는 부제가 검은 글자로 선명하게 박혀 있었다. 안쪽에는 '고용보험 수습 자격증'이라고, 지방

고용노동청 지청장의 직인이 빨간 인주로 찍은 것처럼 인쇄되어 있었다. 아버지는 그 수첩을 받을 때는 별다른 감정이 없었다. 그런데 오늘 실업급여가 입금되었다는 이 문자에 알 수 없는 감정에 휩싸였다. 뭐라고 해야 할까? 25년 실컷 두들겨 맞고, 맷값으로 던져준 돈 봉투를 턱석 받아든 기분이었다. 한편으로 이 돈으로 내 생활비는 할 수 있다는 안도감도 겹쳐지는 복잡한 감정이었다.

이 실업급여는 오직 아버지를 위한 생활비로만 쓰려고 한다. 너희 엄마에게도, 너희에게도 단 한 푼도 주지 않을 생각이다. 아버지가 갑자기 돈 욕심이 생긴 건 아니다. 이 실업급여를 가족에게 쓰기엔 아버지 이름과 '취업 희망 카드'라는 제목이 너무 선명하다. 아버지가 새로운 일을 준비하는 기간의 생활비로만 쓰겠다. 그래서 아버지의 유일한 개인 통장인 국민은행 통장으로 입금했다. 그동안 그 통장은 용돈의 출납 통장이었다. 1998년도 신혼 초에 만들어 놓고, 지금까지 그 통장은 잔고가 50만 원을 넘어간 적이 없었다. 어제 처음으로 이 통장은 100만 원이 넘는 잔고가 들어왔다. 너희 엄마는 결혼하면서 아버지에게 딱 두 가지 약속만 지켜달라고 했다. 약속 하나는 마음의 딴 주머니인 '거짓말 불가'였고, 다른 약속은 돈의 딴 주머니인 '비상금 불가'였다. 아버지는 두 가지의 약속을 지금까지 잘 지켰다.

회사에 다니는 동안은 회사 법인카드가 있었고, 그때 만나는 사람은 주로 업무적으로 만나는 사람이었다. 굳이 딴 주머니를 차야 할 만큼 현금이 필요하지 않았다. 그러나 이제부턴 내 돈으로 사람을 만나야 한다. 아버지도 최소한 내 주머닛돈이 있어야 한다는 생각이다. 이 실업급여만큼은 오로지 아버지의 '희망 취업 카드' 용도로 쓰겠다. 너희 엄마에게도 탐내지 말라고 전해주었으면 한다.

아버지가 퇴직하면서 또 달라진 건 '국민연금'이다. 어제는 국민연금공단 담당자와 통화했다. 용건은 두 가지였다. 퇴직 후에도 국민연금을 계속 불입할 것인가? 계속 불입한다면 언제까지 하는가? 불입 후 받을 수 있는 연금은 얼마인가? 이 질문을 했다. 국민연금 담당자는 퇴직 후에도 만 60세까지 불입할 수 있으며 소득이 없기 때문에 납입 금액은 줄어든다고 말했다. 또 60세까지 계속 돈을 내면 64세부터 다달이 150만 원 정도 받는다고 안내해 주었다. 아버지는 계속 불입하기로 했다. 그러나 아버지가 64세부터 받은 150만 원 정도로 노후 생활이 가능할지는 의문이다. 지금 수준의 화폐 가치 하락 속도라면, 그땐 그 돈의 화폐 가치가 100만 원 이하다.

마지막 사회보장제도는 직장 의료보험이다. 국민건강보험공단에 알아보니, 자동으로 네 엄마 직장 의료보험에 편입되었다고 했다. 너희 엄마가 직장을 다니고 있어서, 지역 의료보험으로 가지는 않았다. 너희들도 이제부터 아버지가 아니라 너희 엄마의 직장 의료보험에 편입되었다. 너희 엄마의 직장 의료보험 혜택이니, 엄마에게 잘하도록 해라.

우리나라 사회보장제도는 북유럽 국가에 못 미치지만 그래도 잘되어 있는 편이다. 특히 의료보험제도는 세계적인 수준이다. 그러나 그 사회보장제도가 노후의 삶을 보장할 수준은 아니었다. 아버지는 이번에 퇴직하면서 몸소 깨달았다. 결국 아버지의 노후를 보장하는 건 '아버지의 재산과 아버지의 자질' 뿐이었다.

너희 할아버지 세대는 25년 직장생활하면, 그런대로 노후가 보장되었다. 그때는 지금보다 유리한 사회보장제도 혜택과 직장생활하면서 마련한 아파트 한 채라는 똘똘한 재산이 있었다. 그 주택을 주택연금 형태로 다달이 받아 가면서 노후 생활을 할 수 있었다. 그러나 아버지 세대도 이제는 국민연금과 집 한 채로는 노후를 보장받지 못한다. 이젠 부동산을 주택연금 형태로 받아서 노후를 보장받는 것이 어렵게 되었다.

어제 신문에서는 일제히 부동산 공시지가 현실화 정책을 다뤘다. 현재 부동산 공시지가 현실화율은 토지 65.5%, 단독주택 53.6%, 아파트 등 공동주택 69.0%이다. 2030년까지 모든 유형의 부동산 공시지가율을 시세에 맞추어 매매가의 90% 이상 수준으로 끌어올린다고 한다.

아파트의 공시가격이 69.0%인데 이를 90%까지 올린다면, '재산세와 종합부동산세'의 자체 세율 변동 없이도 세금이 올라간다. 재산세와 종합부동산세 등 보유세의 과세 표준이 '공시지가와 이를 완충하는 공정시장가액 비율' 등을 기반으로 하는 까닭이다.

이 논란에서 깨달은 사실은 '세금'의 짐으로 이젠 부동산 노후 대책은 힘들어지겠다는 거다. 앞으론 서민들이 부동산이라는 재산을 통해서 노후를 보장받는 인생 이모작을 설계하기 힘들어질 수 있다.

이 아버지보다 너희 세대는 노후 대책을 준비하는 게 더 힘들어진다. 왜냐하면, 너희 세대는 '세금부담률'이 높아지고, '노인 일자리 부족' 현상이 더 심화하기 때문이다. 그러니 지금부터라도 삶의 기본 설계를 단단히 해야 한다. 자칫 국가만 믿고 있다가는 감당하기 힘든 노년으로 내던져질 수 있다. 아버지는 앞으로 세금이 늘면 늘었지 절대 줄어들지는 않는다고 확신한다. 역사가 그 사실을 증명한다. 경제 호황에는 돈 많은 부자들에게 세금을 걷어서 충당하면 되었다. 그러나 경제 불황에는 부자와 기업만으로는 세금이 부족하다. 그러니 만만한 서민의 주머닛돈을 탈탈 털어 빼앗아간다. 조선 시대의 민란은 대체로 세금에 대한 저항이었다. 국가가 그러면 안 되는데, 불황에는 서민의 곳간에서 돈을 빼낼 궁리를 하게 된다. 이래서 경제가 저성장 또는 불황일 때 서민의 삶은 더 팍팍하게 된다.

세금과 은행은 서민과 절대로 친구가 될 수 없다. 서민의 주머니에서 돈을 빼갈 궁리만 하는 곳이다. 그래서 그들을 친구로 믿고 있다간 곤궁에 빠진다. 너 스스로 자립할 토대를 마련해야 한다. 미안하지만, 너희는 지금부터 인생 이모작 설계를 해야 한다. 지금 당장 구체적일 필요는 없다. 하지만 큰 그림을 그려 놓아야 한다.

대개 핵심은 두 가지다. 하나는 '세금이라는 바람에도 흔들리지 않을 안전 자산'을 확보해라. 아버지는 툭 까놓고 말하겠다. 서울 시내에 건물을 가진 건물주가 되어라. 흔들리지 않는 뿌리 깊은 자산은 건물과 땅뿐이다.

하나는 '퇴직 걱정 없이 평생 일할 수 있는 안전 직장'을 확보해라. 아버지는 툭 까놓고 말하겠다. 서울 시내에 사업장을 가진 사업주가 되어라. 절대 잘리지 않는 직장은 네가 사장이 되는 방법밖에 없다.

이 아버지의 노후는 그렇게 걱정하지 않아도 된다. 아버지는 재건축 아파트 세 채를 가지고 있다. 비록 세금 바람에 흔들리기는 하겠지만, 먹고사는 건 지장 없다. 그리고 인생 일모작에서는 종업원으로 퇴직했지만, 이모작에서는 글쓰기를 통해서 사람들과 경험과 지식을 나누는 일을 준비하고 있다. 비록 큰돈은 안 되겠지만, 아버지가 쓰는 글이 삶을 풍요롭게 해줄 거라고 믿고 있다.

이 아버지는 걱정하지 말고, 너희 미래를 걱정해라. 아버지는 너의 스물보다 너의 마흔이, 마흔보다 너의 예순이 더 행복하길 바라는 마음이다. 그럴 수 있도록 경제적인 토대를 마련해야 한다. 토대를 구축하는 방법을 경제 공부 속에서 찾도록 해라.

사랑한다. 아들아

부동산으로 경제적 완생을 이뤄라

오늘은 부동산 재테크에 대한 생각을 적는다. 이번 주제는 '경제적 완생'이다. 우리 대부분은 아직 '미생未生'이다. 미생이라는 말은 바둑 용어이다. 바둑판에서는 최소 두 집 이상 확보하지 못하면 미생이라고 한다. 한 집만 있으면, 그 한 집에 돌을 놓아서 언제든지 죽을 수 있기 때문이다. '아직 살지 못했다'라는 의미로 미생이라고 한다. 그리고 두 집 이상을 마련해서 자력으로 살 수 있는 걸 완생이라고 한다.

바둑기사는 자생할 수 있는 최소한 두 집 이상 내려고 한 수 한 수에 최선을 다한다. 이렇듯이 바둑에서 두 집은 매우 중요한 자생의 필수 조건이다. 그렇다면 스스로 자생할 수 있어야 완생하는 승부 게임이 바둑판밖에 없을까? 아니다. 바로 지금 대한민국을 살아가는 우리 인생 판도 바둑판의 승부와 별반 차이가 없다. 대한민국에서 개인의 삶 또한 자기 집이 있어야 경제적인 완생이다. 그 점에서는 우리 인생도 바둑과 똑같다. 어쩌면 지금 대한민국의 경제 구조는 더 살벌한 바둑판이다. 이세돌 기사보다 수읽기가 더 빨라야 살아남을 수 있는 전쟁터이다.

그렇다면 왜 집이 대한민국에서 경제적 완성의 조건일까? 땅과 사람의 관점에서 상관관계를 따져볼 필요가 있다. 집값은 국토 면적, 인구와 관련이 깊다. 결론부터 말하면, 대한민국의 많은 인구, 좁은 국토 면적이 집값 상승을 일으키고 있다. 이런 배경을 알아야 대한민국 주택 정책의 과거, 현재 그리고 미래의 흐름을 알 수 있다. 부동산은 인류의 투자 자산 중 가장 안전한 자산이다. 그 부동산 자산이 어떻게 흘러가는지 아는 사람만이 경제적인 자립을 할 수 있다. 지금부터 주택 가격에 영향을 미치는 요소 중 세 가지의 핵심을 살펴보자.

첫째는 '인구 밀도'이다.

인구 밀도는 일정 면적 내에 몇 사람이 사는가를 나타내는, 면적 내 사람 분포도를 말한다. 더 자세히 설명하면 $1km^2$ 내 몇 사람이 살고 있는가를 나타내는 숫자다. 통계청 e나라지표에 따르면 2019년 기준 세계 주요국가 인구 밀도는 미국 36명, 프랑스 119명, 중국 153명, 독일 240명, 영국 279명, 일본 348명이다. 이것이 주요 선진국의 인구 밀도이다. 그리고 대한민국은 515명이다. 선진국이라고 할 수 있는 OECD 국가 중 인구 밀도 1위가 바로 대한민국이다. 좁은 공간 내에 바글거리고 살아가는 나라가 바로 우리나라다. 세계 제일의 인구 밀도 때문에 '토지와 주택'에 대한 수요가 세계에서 가장 높을 수밖에 없다. 수요가 많으면 가격이 올라가는 건 당연하다.

둘째는 '도시화율'이다.

도시화란 일정 공간에 사회 시설이 집약되고, 그 집약된 공간에 집중적으로 인구 밀도가 증가하여, 집약된 사회문화 형태인 도시가 확산하는 과정을 말한다. 한마디로 많은 사람이 일정 공간에 몰려 살아간다는 의미다. 좁은 공간에서 살 수 있는 집을 얻기 위해 경쟁할 수밖에 없는 사회 구조가 된다. 그렇다면 사람들이 몰려서 살아가는 도시화 정도가 우리나라는 몇 %일까? 통계청 자료에 따르면 우리나라 도시화 수준은 이미 82%에 이른다. 100명 중 82명이 도시에 살고 있다. 땅은 좁고, 인구는 많으니, 도시의 생활 공간은 미어 터진다. 도시에 주택난이 일어날 수밖에 없는 이유다. 특히 대한민국은 인구 절반이 수도권에 몰려 있다. 그러니 더더욱 수도권 집값이 오를 수밖에 없다.

셋째는 '가구의 분화'다.

과거에 가장 일반적인 가족 형태는 4인 가족이었다. 그러나 현재는 가족의 형태가 1~2인의 소가구, '초핵가족'으로 급속하게 쪼개지고 있다. 주민등록등본에 등재된 1인 가구 구성비가 이미 30%를 넘었다. 그러나 이것은 표면적인 숫자이고, 그 안을 들여다보면 비율은 더 높다. 주민등록상으로 주소지가 한 곳이지만 실제는 분리되어 생활하는 가족이 많다. 예를 들어 아버지는 직장 때문에 전라남도 목포에, 아들은 대학교 진학으로 충청북도 청주에, 엄마만 서울의 아파트 본집에 사는 생활 분리형 가족 형태다. 이렇듯 주민등록의 통계 지표에 포함되지 않지만, 실질적으로는 1인 또는 2인 가구인 경우가 많다. 전국에 흩어져서 살아가는 1인 생활자들이 통계로 드러나지 않지만 더 많다는 것은 통계 전문가의 공통된 의견이다. 한 가족이라도 각자 따로 생활하는 '가족의 분화'로 가구 수는 더 증가하는 추세다. 출산율 저하로 인구는 줄어들지만, 그렇다고 주택 수요가 줄지는 않는다. 반대로 가구 분화가 가속화되면서 주택 수요자가 지속해서 늘어나고 있다. 대한민국의 주택 수요자는 향후 20년 동안은 어떤 형태로든 계속 늘어난다.

지금부터 결론이다. 대한민국은 인구 밀도 세계 1위, 도시화율 82%, 수도권 인구 집중화 1위, 여기에 가구 분화 속도까지 높다. 이런 사회 구조에서 정부가 무슨 용빼는 재주가 있다고 '집값'을 내릴 수 있을까? 어떤 시장이든 수요가 높을 때는 공급 없이는 그 어떤 규제로도 그 가격을 내릴 수 없다. 공급 이외에 대안이 없다. 자본주의 시장의 절대 불변의 원리다. 아들아, 단언컨대 집값은 내려가지 않는다. 특히 수도권은 더 그렇다. 투기 세력이라고 욕먹는 한이 있어도 어쩔 수 없다. 노년에 경제 자립을 이루기 위해서는 수도권 내 든든한 집이 있어야 한다. 그래야 경제적인 완생을 할 수 있다. 아들아, 근로 소득이나 소상인의 장사로는 더 이상 가족을 지킬 수 없다. 지속적으로 자산 가치가 상승하는 부동산에 투자해야 한다. 안전 자산 투자를 위해서는 경제 흐름에 대한 통찰이 필요하다. 네 삶의 경제적 완생을 위하여, 아들아 경제 공부해야 한다.

반드시 완생하거라.
사랑한다. 아들아.

금은 왜 안전 자산이 되었는가

오늘은 역사상 가장 안전한 자산인 '금'에 관해서 공부하는 시간이다. 금은 너희 엄마가 제일 좋아하는 보석이다. 엄마는 진주, 다이아몬드, 사파이어, 루비 등 예물 보석보다 귀금속인 '금'을 좋아한다.

"어머니, 예물은 금으로 해주세요. 다이아 반지나 진주 목걸이 말고, 금반지와 금목걸이 그리고 금팔찌로 해주세요."

엄마가 결혼 전 예물을 준비할 때 할머니에게 했던 말이다. 아버지는 속으로 '보석 취향이 참 남다르다.' 하고 의아하게 생각했다. 보통 그 나이의 여자들은 겉으로 예쁘고 화려한 사파이어, 진주, 다이아몬드를 하지 금을 좋아하진 않는다. 그때 너희 엄마 나이가 겨우 스물넷이었다. 엄마가 결혼할 때 할아버지와 할머니는 경제적으로 궁핍했다. 비싼 예물을 해줄 형편이 아니었다. 어쩌면 엄마는 그런 형편을 알고 금이 더 좋다고 말했을 수 있겠다고, 아버지는 생각했다. 그때부터 할머니는 엄마에게 미안해하셨다. 지금까지 할머니가 "아가야, 미안하다. 고맙다."라고 입에 달고 계신 건 바로 이때부터다.

아버지는 결혼 후 엄마에게서 금을 선택한 이유를 물었다. 엄마가 금을 좋아하는 이유는 세 가지였다. 첫째로 금은 그 가치가 절대 변하지 않고, 둘째로 금은 그 값이 지속해서 상승하며, 셋째로 언제든지 현금화할 수 있는 경제성이 뛰어난 귀금속이라 좋아한다고 말했다. 그때부터 엄마의 경제 관념, 즉 돈에 관한 생각은 참으로 명확하고 실질적이었다. 너희 엄마는 경제 현실을 중시하는 실속파이고, 자본의 가치를 꿰뚫어 보는 안목이 있었다. 반면에 아버지는 경제 관념이 한심한 수준의 낭만파였다. 결혼 전 직장생활을 3년 했는데, 술과 신선 놀이에 빠져 무일푼이었다. 그래서 아버지는 결혼 후 소득의 전부인 월급 통장을 엄마에게 맡기고, 경제에 대해서는 일절 간섭하지 않았다. 지금도 여전히 너희 엄마가 우리 집의 경제적인 지배자이다. 그러니 용돈을 올려 받고 싶으면, 엄마를 잘 설득해야 한다. 아버지에게 하소연한다고 될 일이 아니다. 못 주는 아버지 마음도 서글프고, 못 받은 네 마음도 짜증 나고, 이런 일이 반복되는 건 효율성이 매우 떨어진다.

다시 금에 관한 이야기로 돌아가서 금은 오래되어도 변질이 없고, 가치가 상승하고, 여기에 현금화가 쉽다는 장점을 가졌다. 그러니 금에 대해서 자세히 알아볼 필요가 있다. 금은 원자번호 79번, 원소기호 Au인 그저 세상에 있는 금속 중 하나라고 할 수 있다. 안으로 들여다보면, 금은 장신구로 쓰임이 있지, 실생활에서 쓰임은 별로 없다. 오히려 인류의 삶을 변화시킨 귀중한 금속은 '철'이다. 현재 우리가 누리는 모든 문명의 뿌리에는 철이 있었다. 우리가 사용하는 도구는 철로 만들었거나, 철 때문에 만들어졌거나, 철 때문에 존재하는 것이 대부분이다. 철로 만들어진 것은 농기구, 무기가 있고, 철 때문에 만들어진 것은 철도, 기차, 자동차, 대형 선박이 있고, 철 때문에 존재하는 것은 아파트가 있다. 아파트의 콘크리트 벽은 철 구조물이 없으면 존재할 수 없다. 우리 문명은 '철'에 의한, 철이 만들어낸, 철의 구조물이다. 그런데 그런 철은 거의 대접받지 못하고, 금이 모든 대접을 다 받고 있다. '비는 하늘이 주고 절은 부처가 받는다'라는 속담처럼, 철이 문명의 비를 주었는데, 절을 받는 건 금이다.

그렇다면 왜 철이 아니라 금이 대접을 받을까? 그 이유를 알고, 금을 제대로 활용하거라. 본능적인 경제 감각이 있는 사람은 그 이유를 바로 안다. 너희 엄마 같은 사람이다. 너희 엄마는 아버지처럼 말로는 설명하지 못해도, 동물적인 감각으로 금의 장점을 알아보았던 사람이다. 너희 엄마는 나이 스물넷에 이미 "어머니 예물은 금으로 해주세요."라고 말한 경제 감각의 소유자이다.

너희의 경제 감각은 엄마를 닮지 않고, 불행하게도 이 아버지를 닮았다. 안타까운 일이다. 아버지 같은 사람은 어쩔 수 없다. 죽어라고 공부해서 경제 감각을 키우는 수밖에 없다. 그래서 공부해야 한다. 지금부터 하는 이야기를 잘 새겨들어야 한다.

먼저 금 공부를 하려면 '금의 속성' 세 가지를 알아야 한다.

첫째, 금은 변하지 않는다.
물론 변하지 않는 금속은 많지만, 금처럼 잘게 쪼개지고, 다양한 장신구로 활용할 가치가 있는 것은 별로 없다. 비슷한 금속 중에 은, 동 정도가 있다.

둘째, 금의 가격은 지속해서 상승한다.
그 이유는 두 가지다. 첫째는 금 수요량이 금 생산량을 늘 앞지르고 있다는 점이다. 생산량은 한정되고, 수요량은 계속 높아지고 있기에 금값은 상승한다. 또한 달러의 통화량 팽창 때문에 화폐 가치 하락으로 상대적으로 금값은 상승한다. 금값은 달러의 화폐 가치 하락이 지속하는 동안 상대적으로 상승할 것이다. 다만 미국이 달러 가치 하락을 막기 위해 금값의 시세를 조정하는 것만 살피고 있어야 한다. 미국은 가끔 그들이 보유한 금의 반출로 금의 시세 폭등을 조절한다. 세계 금 보유량 1위인 미국은 금의 시세를 조절할 힘을 가지고 있다. 그러나 미국이 금 보유량으로 금값 하락을 유도하더라도, 달러의 통화 팽창 속도를 따라가지 못해서, 결국에 금값은 계속 상승할 수밖에 없다.

셋째, 언제든지 현금화가 가능하다는 점이다.

통화량이 늘어나면 화폐 가치가 하락하면서 언제든지 현금화가 가능한 금을 소장하는 수요가 늘어난다. 과거에 금은 화폐 기능을 해왔고, 또한 현재도 화폐로서 가치가 있고, 미래에도 화폐로서 충분히 가치가 있기 때문에 금값은 오를 수밖에 없다. 즉, 금고에 금이 잠기면 잠길수록 금의 수요가 증가하고, 금값이 상승할 것이다. 즉, 금을 가지고 있으면, 값이 상승하여 그 스스로 자산의 가치를 증가시키는 역할을 한다.

노다지라는 말이 있다. 손쉽게 많은 이익을 얻을 수 있는 일을 노다지라고 한다. 금을 이르는 말이기도 하다. 금을 통해 부의 행운이 한꺼번에 들어왔다는 의미다. 금을 노다지라고 했던 유래는 "No Touch."라는 말에서 왔다고 한다. 내 것이니, 절대 손대지 말라고 "노 터치."라고 했는데, 그것을 노다지로 잘못 알아듣고 그렇게 불리게 되었다고 한다. 그만큼 금은 돈이 되는 금속이다. 우리도 노다지인 금을 더 공부해서 그 가치를 알아볼 필요가 있다. 오늘은 금의 기본적 속성만 공부했다. 내일은 금을 통해 노다지를 캐는 방법을 알아보도록 하자.

금은 몇 안 되는 안전 자산이다. 그 가치를 제대로 알고 있어야 경제 공부를 한 사람이라고 할 수 있다. 금을 통한 재테크도 익혀야 한다.

부단히 공부하거라.
사랑한다. 아들아

금과 돈의 역할

어제 '금의 속성'에 관한 이야기를 세 줄로 요약해서 적어둔다. 오늘 이야기에 참고할 부분이다.

첫째, 금은 그 물리적 가치가 변하지 않는 광물이다.
둘째, 금의 가격은 돈의 가치 하락으로 지속적으로 상승한다.
셋째, 금은 언제든지 현금화 가능한 안전 자산이다.

어제의 금의 속성에 이어서, 오늘은 '금의 본질과 역할'에 관한 이야기이다. 아버지는 '금의 본질과 역할'을 어떤 비유로 너에게 설명할까 밤새 고민했다. 그러다가 아침에 샤워하는데, 번뜩하고 '친구'라는 말이 떠올랐다. 금의 본질과 역할을 친구 사이를 비유해서 설명한다면 쉽겠다는 생각이었다. 어떤 사람을 알고자 하면, 그 사람의 친구를 보라고 했다. 어떤 사람의 됨됨이는 친구의 됨됨이와 같다. 두 사람이 나누는 우정의 빛깔을 보면, 그 사람의 참모습을 볼 수가 있다. 사람의 우정처럼, 금과 가까운 존재들을 보면 금을 알 수 있다.

금의 가장 친한 친구는 같은 금속인 은도 아니고, 동도 아니고 바로 종이 화폐다. 금이 혼자일 때는 그저 다루기 쉽고, 쓰임이 한정된 장신구에 지나지 않은 광물이다. 그랬던 금이 어느 날 돈을 만났다. 둘은 만나자마자, 마치 한 몸처럼 우정을 나누었다. 금이 돈이었고, 돈이 금이었다. 사람들은 돈이 금이니, 금을 돈처럼 여기면 되겠다고 생각했다. 그래서 금과 돈을 하나로 묶어서 '금화'를 만들었다. 이렇게 널리 이용했다. 둘이 한 몸이 되어 빚어낸 물물 교환 방식이 사람들의 삶을 편리하게 만들었다. 둘의 결합은 경제사가 만들어낸 혁신적인 발명품이 되었다. 이렇게 금과 돈이 한 몸으로 우정을 나눈 시기가 '금화의 시대'이다.

금화의 시대는 태평성대였다. 기존에 불편했던 물건 교환이 원활해졌다. 점점 더 많은 사람이 더 넓은 세상에서 사용하기 시작했다. 그러면서 한 가지 불편이 있었다. 금은 값이 너무 높고, 몸이 너무 무거워서 멀리 이동하는 데 불편한 점이 나타났다. 사람들은 점차 금과 돈이 한 몸이 된 금화의 변화를 요구했다. 이때 세계 패권을 쥔 미국이 나타났다.

1944년 7월에 미국은 브레턴우즈에 세계 사람을 모이게 했다. 그리고 말했다. 금화는 불편하니 금 1온스를 미국 돈 35달러에 고정하고, 금을 보증하는 지폐만 사용하자고 제안했다. 도저히 거절할 수 없는 제안이었다. 미국은 세계에서 힘이 제일 세고, 금을 제일 많이 보유한 국가였기 때문이다. 이 협의를 통해, 이동이 불편한 금은 미국의 은행 창구에 보관하고, 금 보증서인 '지폐'를 돈으로 사용하게 되었다. 지폐를 금이라고 여기고, 돈처럼 사용하라는 제안이었다. 거절할 수 없는 제안은 수용되었고, 그 제안을 '브레턴우즈 체제'라고 불렀다.

그 후로 금은 미국에 머무르고, 지폐라는 금 보증서가 세계를 자유롭게 돌아다니면서 금 행세를 하였다. 미국은 브레턴우즈 체제로 '꿩 먹고 알 먹고'였다. 금만 잘 붙들고 있으면, 달러가 돈이 되고, 다른 국가들은 달러를 사기 위해 미국에 금을 가져다 주어야 하고, 미국은 가만히 앉아서 금을 움켜쥐고 달러 중심의 세상을 만들 수 있었기 때문이다. 그렇게 미국은 세계의 금을 다 끌어모으고, 종이 지폐인 달러를 세계의 돈으로 뿌릴 수 있었다. 브레턴우즈 체제 이후에, 금 대신 지폐가 돈과 우정을 나누는 시기를 '금 지폐의 시대'라고 불렀다.

미국 달러 중심이었지만, 그런대로 금과 지폐가 우정을 나누면서 잘 흘러갔다. 한참을 운영하다 보니, 미국은 엉뚱한 생각을 한다. 금 보관량만큼 금 증명서인 지폐를 발행하는 것이 감질났다. 지폐 발행하는 기계가 자기들에게 있는데, 그냥 자기들 편의대로 자기들이 필요할 때 지폐를 발행하고 싶어졌다. 미국은 군사적인 힘도 세고, 현재 금 보유량도 제일 많고, 여기다 화폐 발행권을 가지고 있었다. 굳이 금 보유량만큼 발행해야 할 이유가 없었다. 그래서 미국이 금의 가치만큼 증명서인 지폐 가치를 보증할 테니, 금과 관계없이 지폐를 발행하겠다고 선언한다. 1971년 8월 15일에 미국 은행들의 허수아비인 닉슨이 세계에 공표한 금 본위제 폐기 선언이다. 이렇게 금과 돈이 결별한 시기를 신용 지폐의 시대라고 부른다.

금과 가장 친한 친구인 돈을 통해 금을 살펴보았다. 금과 돈은 처음엔 한 몸처럼 '금화의 시대'를 살았다. 그다음은 보증서인 지폐가 금과 돈의 매개체 역할을 한 '금 지폐의 시대'를 살았다. 그러나 이젠 금과 돈이 물리적으로 아무 관련이 없는 '신용 지폐의 시대'를 살고 있다. 신용 지폐의 시대에 있어 돈과 관련성이 떨어진 금의 역할은 무엇일까? 처음 돈의 시작은 금이었는데, 지금은 금과 관계없이 '돈'이 본질인 세상이 되었다. 세상은 이미 금이 돈이 아닌데, 우리는 아직도 '금 본위제의 유령'에 갇혀서 돈인 줄 알고 살고 있다. 이젠 돈과 금은 분리되었다는 걸 인지해야 한다. 돈과 분리된 자산으로서 금의 가치를 발견해야 한다.

금은 이제 자산이다. 땅이 이동 불가능한 안전 자산이라면, 금은 이동 가능한 안전 자산이다. 이동 가능한 안전 자산으로서 금의 가치를 발견하면 경제 공부가 깊어진다. 금에 투자해야 한다. 금은 부동산, 주식과 더불어 안전 자산 중 하나다. 지금부터라도 적은 돈이라도 금을 사두고, 돈과 금의 흐름이 어떻게 흘러가는지를 살피도록 해라.

아들아, 금에 관한 마지막 이야기다. 세상에는 다양한 금이 있다고 한다. 그중에 아버지가 알고 있는 다섯 가지 금이 있다. 그 금을 마음에 담아두길 바란다. 다섯 가지 금은 다음과 같다. 첫째, 광물의 금인 황금이다. 둘째, 돈의 금인 현금이다. 셋째, 맛의 금인 소금이다. 넷째, 시간의 금인 지금이다. 다섯째, 마음의 금인 흉금이다. 흉금은 '마음속 깊이 품은 생각'이라는 뜻이다.

이 아버지는 눈에 보이는 황금, 현금, 소금도 좋지만, 눈에 보이지 않는 지금, 흉금이 더 좋다. 지금과 흉금은 돈으로 살 수 없다. 돈이 많은 부자도 지금과 흉금이 없으면 불행해진다. 너도 이 아버지처럼, 보이지 않는 지금, 흉금을 귀하게 여기길 바란다. 아버지가 강조하는 물적 토대도 살피되, 보이지 않는 것도 소중히 여겨야 한다. 이것이 금의 본질이고 역할이다.

아들아, 내일 무슨 일이 벌어지느냐는 오늘 무엇을 하느냐에 달려 있다. 오늘 경제 공부를 한다면, 내일 일어날 어떤 경제 문제도 대비할 수 있다. 명심해야 한다.

나의 아들아, 사랑한다.

양날의 검, 금융 상품

오늘은 금융 상품에 관해 공부하자. 금융 상품은 금융 자본주의 시대를 살아가려면 꼭 알고 있어야 한다. 금융 전문가들은 금융 상품을 복잡하고 어려운 것처럼 보이게 만들었지만 실상은 생각보다 어렵지 않다. 일부러 어렵게 말하는 것은 그들만의 리그를 만들려는, 독점적 지식으로 자기 영역을 점유하려는 사람들의 계략이다. 조금만 꼼꼼하게 살피면, 본질은 의외로 단순하다.

금융 상품이라는 단어의 의미부터 살펴보는 것이 중요하다. 사전적 의미는 '각종 금융기관에서 취급하는 적금과 예금을 비롯하여 기타 정형화된 상품'이라고 〈우리말샘〉 사전에서 정의하고 있다. 여기서 핵심은 상품이라는 거다. 금융, 즉 돈도 사고파는 상품으로 만들었다는 의미다. 금융 기관에서 어떻게 돈을 할인점에서 사고파는 상품처럼 만들 수 있을까? 만들 수 있다. 할인점에서 상품 만드는 방법과 똑같다. 단지 할인점에서 판매하는 상품은 눈에 보이는 상품이고, 금융은 눈에 보이지 않는 서비스 상품이라는 차이뿐이다.

할인점의 상품과 금융 상품의 공통점에 대해서 설명하겠다. 할인점에서 팔고 있는 삼겹살을 예로 들어보자. 돼지라는 원재료에 손님들이 먹기 좋게 잘라서 삼겹살이라는 상품을 만들고 가격표를 부착해서 판매한다. 삼겹살이라는 상품의 비밀은 그 포장지 위에 붙은 가격표를 보면 알 수 있다. 그 상품이 무엇인지 정보가 다 들어있다. 예를 들어 할인점 상품의 '○○마트 선진포크 삼겹살 1,980원/100g'이라는 가격표는 판매회사, 제조사, 부위 명칭, 가격이 표시되어 있다. 그리고 바로 아래를 보면 원산지까지 적혀있어서 모든 상품 정보를 다 파악할 수 있다. 삼겹살의 가격표를 보면 그 상품이 무엇인지 알 수 있듯이, 펀드라는 금융 상품도 똑같다.

펀드도 그 이름으로 어떤 금융 상품인지 알 수가 있다. 어떤 펀드 상품이 'A에셋 미국 헬스케어 증권 자 투자신탁 주식'이라고 쓰여 있다고 치자. 'A에셋'이라는 펀드 운용사가 만들었고, 미국이라는 투자 지역과 헬스케어라는 투자 품목이고, 증권이라는 자산 종류라는 뜻이다. '모' 또는 '자'라는 표시는 모펀드인가, 자펀드인가를 나타낸다. 운용사가 분산되어 있는 펀드를 통합 운영하는 펀드가 모펀드이고, 그 모펀드가 발행한 지분을 취득하는 펀드가 자펀드이다. 투자신탁 주식이라는 것은 돈을 모아서 주식에 투자한다는 표시이다. 이렇게 펀드는 펀드 이름의 의미만 알면 어떤 금융 상품인지 알 수 있다. 금융 기관의 종류에 따라 만들어지는 금융 상품의 형태가 다를 뿐, 상품을 이해하는 방식은 똑같다.

금융 상품의 종류는 예금과 적금, 주식, 채권, 펀드, 보험, 연금이 있다. 이 금융 상품의 숫자는 예금도 수천 가지, 주식도 수천 가지, 펀드도 수천 가지로 다양하다. 그래서 우리가 할인점의 수많은 상품 앞에서 복잡하다고 느끼는 것처럼, 금융 상품도 다양한 종류 때문에 복잡하다고 느낀다. 여기에 요즘 이종의 금융 상품이 결합된 혼합 상품이 많아져 헷갈리는 것뿐이다. 할인점의 상품이 공구인지 식료품인지 각 코너 분류를 보면 알 수 있듯이 금융 상품도 종류별로 분리해서 살피면 쉽게 알 수 있다.

금융 상품에 대한 기본 상식을 이해했다면, 오늘 신문을 보고 배운 것을 적용할 수 있다. 오늘 모든 신문이 '라임·옵티머스 의혹'이라는 기사를 실었다. 언뜻 이해가 쉽지 않다. 금융에 관한 기본 용어와 기본 골격을 이해하지 못해서 그렇다. 처음 대하는 사람은 무슨 말인지 모르는 것이 당연하다. 사실은 따져보면 기본 가닥은 아주 단순한데 말이다. 지금부터 이번 사태의 전체적인 개요를 설명한다.

기본 뼈대는 돈 많은 동네 사람들이 곗돈 모아서, 이자 많이 주는 상가 개발권에 투자하는 것과 비슷하다. 계주가 펀드 운영사고, 모집책은 증권사이고, 돈 낸 사람들이 투자자이고, 펀드 투자는 '동네 상가 개발권'에 했다고 해두자. 계주처럼, 펀드 운영사가 펀드를 만들어 돈이 있는 사람들을 대상으로 비공개적으로 큰돈을 모은다. 사람들은 이것을 '사모펀드'라고 한다. 라임이라는 자산운용 회사가 이렇게 돈이 많은 사람들에게만 비공개적으로 돈을 모았다. 많은 사람이 이 사모펀드에 참여했다. 자그마치 1조 원이 넘는 금액이 모였다. 그런데 이 돈을 처음 투자자들에게 설명했던 '전망 좋은 상가 개발'이 아니라 자기와 관련된 부실한 상가 개발에 투자했다가 원금까지 다 날려버린 것이다. 말로는 그렇고, 원금을 날린 것인지, 그 돈을 다른 곳으로 빼돌려서 제 돈처럼 어찌 했는지 잘 모르겠다.

어쨌든 다 날려버린 거다. 여기서 한 가지만 더 설명한다. 이번에 사달이 난 사모펀드 종류는 '환매형 사모펀드'다. '환매형 사모펀드'는 만기가 없고, 언제든지 환매를 통해 현금화할 수 있는 펀드 종류다. 그래서 투자를 잘못해서 돈을 날려버린 통에 돈을 줄 수 없게 되자, 펀드 운영사가 '환매 금지'를 한 것이다. 그래서 신문에서 '환매 금지'라는 말이 계속 언급되는 것이다. 한마디로 투자한 돈을 날려버려서 현금화가 불가능하다는 말이다.

사실은 펀드 상품은 예금이 아니라 투자이기 때문에 원금도 날릴 수 있다. 그래서 펀드는 상품을 만드는 과정을 법적으로 깐깐하게 살피도록 되어 있다. 문제는 이번 사태는 금융 상품을 만드는 과정이 허술했고, 그것을 감시하는 법적·제도적 장치가 정상적으로 작동하지 않았다. 결국 사달이 나서 권력형 비리라고 신문에서 난리법석이다.

한 가지 덧붙이면, 펀드는 가장 독성이 강한 금융 상품이다. 그래서 펀드는 상품을 만들 때에, 그 상품이 유통되는 과정과 유통 이후 투자 과정에 문제가 없는지 철저하게 살펴야 한다. 그것이 국가 경제 시스템이 해야 할 일이다. 이번 사건에는 참 이상하게 제대로 작동되지 않았다.

결론이다. 세상에는 사기꾼이 많다. 너는 사람을 잘 믿고 잘 따르는 성향이라, 특히 조심해야 한다. 범죄 영화의 바이블인 〈범죄의 재구성〉에서, 주인공 사기꾼이 남긴 마지막 내레이션으로 당부한다.

"탐욕스러운 사람, 세상을 모르는 사람, 세상을 너무 잘 아는 사람. 모두 다 우리를 만날 수 있다."

아들아, 사기꾼과 만나서는 안 된다. 그러려면 너는 탐욕스러운 사람이 되지 마라. 세상을 모르는 사람도 되지 마라. 그렇다고 세상을 너무 잘 알아서 그들과 같이 사기 치는 사람은 절대 되지 마라. 아들아, 험난한 세상에서 스스로 지켜낼 방패는 바로 '경제 지식'이다. 아버지가 경제 공부해야 한다고 강조하는 이유다. 우리 같이 경제 공부해서, 최소한 순진한 놈과 나쁜 놈은 되지 않도록 해야 한다.

사랑한다. 아들아.

돈 버는 '일 근육'은 따로 있다

아버지의 직장생활 25년은 '생계'를 위한 전쟁이었다. 마지막에 '퇴직'이라는 두 글자를 받아 들었을 때, 순간 만감이 교차했다. 인생의 갈림길에 다시 섰구나. 지금 너의 나이, 스물에 겪었던 고민을 다시 했다. 무엇을 하면서 살아가야 하나. 지금의 너처럼 가야 할 길이 뿌옇게 흐려서 막막했다. 지금 직장생활에 대해 넋두리하자고 이 이야기를 쓰는 것이 아니다. 직장생활이든 인생이든 끝이 있다는 말을 강조하고 싶어서다. 세상의 모든 일은 끝이 있다. 그러나 끝은 '마지막'이라는 의미도 있지만, 시작이라는 의미도 있다. 이 아버지의 인생 1막은 오늘 글로 정리하고, 2막을 살아갈 생각이다. 1막에서 경험한 것 중 정수만을 뽑아서 너에게 전해주고자 한다.

아버지의 인생 1막 직업은 유통업이었다. 유통업은 한마디로 장사다. 조선 왕조 500년 동안 가장 천한 대접을 받았던 '사농공상土農工商' 중 마지막 상인이다. 아버지는 그중에서 더 천대받던 '백정'이었다. 요즘은 정육인이라고 한다. 직장생활 25년 중 12년은 고기 장사를 했다. 오늘은 그때 경험을 들려주고 싶다.

먼저 일의 영역별 특성에 대한 이해를 돕기 위해, 네가 좋아하는 축구와 야구를 이야기한다. 아들아, 스포츠는 종목별로 쓰는 근육이 다르다. 야구선수가 축구하고 몸살 걸렸다는 이야기가 있다. 실제 있었던 이야기다.

모 유명한 대학교 야구팀에서 결승전을 앞두고 있었다. 처음 결승전에 올라간 팀이라 선수들이 바짝 얼었다고 한다. 코치가 긴장을 풀어 준다고 재미로 축구 경기를 했던 모양이다. 그런데 긴장을 풀어주자고 했던 이 일이 참혹한 결과를 낳았다. 다음날 결승전에서 다들 몸살 기운과 컨디션 난조로 참패를 당했다고 한다. 야구는 야구에 쓰는 근육이 있고, 축구는 축구에 쓰는 근육이 따로 있다. 스포츠처럼 장사마다 쓰는 근육이 다르다.

장사는 각자 영역에서 자기만의 고유한 방식이 있다. 아버지도 이를 실감한 일이 있었다.

"송충이는 솔잎만 먹어야지 갈잎을 먹으면 죽는다."라는 속담을 자주 인용하는 정육인 선배가 있었다. 고기쟁이가 고기 장사를 해야지, 식당 장사를 하면 망한다고, 그 선배는 술자리에서 자주 말했다. 고기 장사가 힘들다며 식당을 차리려는 사람들을 그런 이야기로 만류했다. 돌이켜 생각하니, 그 선배의 말에 일의 이치가 숨어 있었다. 그 선배 얘기를 토대로 '장사'의 이치를 정리한 걸 너에게 들려준다. 이것이 전부는 아니지만 장사하는 비법이 있으니 귀 기울여 주기를 바란다. 그리고 네가 직장생활을 시작할 때, 다시 읽고 기억해주길 바라는 마음으로 적었다. 왜, 고기 장사하던 사람은 고기 식당을 하면 망할까? 아버지는 그 이유를 세 가지로 보고 있다.

첫째, 식당은 고기 장사가 아니라 서비스 장사이기 때문이다. 정육점은 고기를 팔면 그만이다. 정육점과 다르게 식당에는 다양한 서비스가 있다. 우리는 정육점 방식처럼 좋은 고기와 저렴한 가격이면, 끝이라고 생각했다. 정육인의 머리에는 '손님은 싸고 좋은 고기는 귀신같이 알고 줄 서서 사 간다'라는 생각이 가득 차 있다. 정육점에 오는 손님과 식당에 오는 손님의 기대치가 다르다는 걸 깨닫지 못했다. 사 갈 사람이 사 간다는 정육점 장사의 사고방식이 은연중에 고기 장사에게 밴 거다. 우리에겐 적극적인 서비스 마인드가 없었다. 반면 식당은 말 그대로 서비스 공간이다.

고기를 파는 식당은 고기가 좋다는 장점만으로는 성공이 보장되지 않다. 영업의 결이 다른 분야다. 고기 품질 이외에 다른 중요한 요소가 많다는 말이다. 예를 들면, 요리 기술, 부재료 품질, 홀의 운영 방식, 친절 등의 다양한 요소가 많다. 이 모든 요소가 갖추어졌을 때, 비로소 그 식당이 '맛집'으로 등극할 수 있다.

식물학자인 리비히의 '최소율의 법칙'이라는 것이 있다.

식물의 성장은 최저 영양 성분의 크기만큼만 자란다는 법칙이다. 다른 영양 성분이 아무리 높아도 한 성분이 적다면 식물은 딱 그만큼만 성장한다. 식당도 마찬가지다. 아무리 고기가 좋더라도 종업원이 불친절하거나, 위생이 꼬질꼬질하면, 딱 그 수준의 식당이 되는 것이다. 영업 요소 중에서 최저 수준의 요소가 그 식당의 수준을 결정하는 걸 정육인들은 몰랐다. 자기들이 고기를 잘 알고 있으니, 좋은 고기로 식당을 하면 성공할 줄 알았다. 식당은 극한의 서비스 장사라는 것을 정육인들은 잘 몰랐다. 그래서 정육인들이 창업한 식당은 거의 다 망했다. 식당의 DNA는 정육점과 완전히 다르다. 쓰는 장사 근육이 다르다.

너희가 어떤 일을 하든지 그 분야만의 '일 근육'을 단련시켜야 한다. 그리고 그 근육이 돌덩이처럼 단단해지도록 꾸준하게 반복해야 한다. 근육은 반복해서 사용할수록 더 발달한다.

둘째, 고기 장사가 제조업이라면, 식당은 막일이다.

식당에는 어마어마한 '잡일'이 널려있다. 잡일의 수준이 고기 장사와는 차원이 다르다. 새벽에 재료 구매부터, 요리하기, 홀 청소, 설거지, 저녁에 당일 장사 마감과 다음날 장사 사전 준비 등 잡일의 수준이 가히 무시무시하다. 특히 고기 파는 식당은 그 준비와 장사의 과정이 살인적이라고 보면 된다. 고기 장사는 제조업 마인드로 버틸 수 없는 영역이다. 정육인은 식당이 잘 되어도 버틸 몸과 마음의 근력이 부족하다. 쓰는 근육이 100% 다른 스포츠 종목이기 때문이다.

식당의 성공 법칙은 잡일의 '더럽고 귀찮음' 속에 숨어 있다. 백종원 더본코리아 대표가 창업 초기에 직접 설거지했던 이유가 여기에 있다. 백 대표는 손님이 어떤 음식을 남기는지를 알아내서 메뉴를 매일 개선했다고 한다. 백 대표는 식당의 밑바닥 일인 설거지 속에서 식당 성공 비법을 찾아냈다.

백종원 대표처럼 일의 밑바닥에서 본질을 발견하는 사람이 되기를 바란다. 모든 일은 대부분 더럽고 귀찮은 것부터 시작해야 한다. 식당은 설거지부터, 미용사는 머리 감겨주는 일부터, 회사원은 복사부터 시작한다. 성공은 그 작은 것들 속에 숨겨진 '일의 본질'을 찾을 때 달성된다.

셋째, 정육점은 좋은 고기를, 식당은 철저하게 손님을 지향한다.

마케팅 용어로 정육점은 '상품 중심의 영업 방식'이고, 식당은 '고객 중심의 영업 방식'이다. 정육점은 한우 등심, 돼지 삼겹살, 생닭 등 손님이 원하는 좋은 고기를 가지고 장사한다. 한편 식당은 손님이 원하는 바를 현장에서 바로 인지하고 즉각 대응하는 서비스 장사이다. 정육점은 고기, 즉 상품에 매달려 손님의 숨겨진 욕구를 파악하지 못한다. 손님의 숨겨진 욕구를 잘 파악해서 개발한 대대적인 히트 상품이 식당에서 만들어진 이유다.

'대패 삼겹살'과 '우삼겹'은 식당에서 탄생했다. 정육점식 사고방식에서 냉동 삼겹살은 영원히 냉동 삼겹살이다. 생 삼겹살에 밀려난 퇴물 취급을 한다. 그러나 식당 천재 백종원 대표는 손님의 숨은 마음을 읽고 신상품으로 만들어냈다. 그렇게 식당에서 출발한 대패 삼겹살이 정육점까지 확대되었다.

우삼겹도 마찬가지다. 정육점에서는 차돌박이는 영원히 차돌박이다. 이것도 역시 식당 천재 백종원 대표가 우리나라 사람은 삼겹살을 좋아하니까, '우삼겹'으로 고객에게 제안했고, 말 그대로 대박이 났다. 두 가지 히트상품 모두 정육점이 아니라 식당에서 개발한 메뉴이다. 백종원 대표는 식당 장사의 사고법으로 철저하게 손님을 지향하는 사람이다. 그래서 식당에서 더본코리아라는 거대 사업체를 이룩할 수 있었다.

장사에서 가장 중요한 것은 바로 손님이다. 손님의 마음을 얻는 일이다. 어쩌면 모든 사업은 손님의 마음 속에 들어가야 성공한다. 이 아버지는 장사를 물건을 파는 거로 생각하지 않는다. 장사란 남의 주머니에 있는 돈을 내 주머니로 옮기는 일이다. 그렇게 정의해야 손님의 마음을 바라보게 된다. 오늘은 네가 가져야 할 직업관을 이 아버지의 경험을 통해 말했다.

첫째, 일의 분야별 특징에 맞추어 너의 일 근육을 단련해라.
둘째, 일의 밑바닥에서 일의 본질을 깨우쳐라.
셋째, 모든 일은 손님의 마음을 얻는 것이 제일 중요하다.

이 장사의 세 가지가 네 경제 공부의 토대가 되기를 바란다.

사랑한다. 아들아.

돈이 따라오게 하는 장사법

한국 사람의 마음에는 '선비'가, 일본 사람의 마음에는 '장인'이, 중국 사람의 마음에는 '장사'가 들어있다고 한다. 신의 장사법이란 한국 사람의 마음으로, 일본 사람처럼 물건을 만들어, 중국 사람처럼 장사하는 것을 말한다.

오늘은 돈이 절로 따라오는 장사 방법에 대해서 말하려고 한다. 나라마다 사람들의 사고방식이 다르고, 그 사고방식에 따라서 장사를 대하는 마음도 다르다. 그런데 그 상업을 대하는 태도에 의해 국가의 경제 발전이 좌우된 시기가 있었다. 바로 근현대다. 그때는 중상주의 정책이나 중농주의 정책에 그 나라의 산업 발전이 달려 있었다. 즉 상업을 대하는 국가의 경제 정책이 산업 발전에 지대한 영향을 미쳤다. 그때 중상주의 정책을 펼친 나라들은 경제 발전을 이룩할 수 있었다. 장사를 대하는 마음을 보면, 그 나라의 경제 발전을 알 수 있다. 21세기도 그 기조가 달라진 것은 없다.

조선이 중농주의 정책을 펴고 있을 즈음, 서양에서는 자본주의가 싹을 틔웠다. 그 중요한 시기에 우리는 애석하게도 장사를 천시하고, 업신여겼다. 왜 조선은 장사를 천시했을까. 그것을 알아야 중상주의 정책을 펴지 못한 이유를 알 수 있다.

지금부터 우리의 음식을 통해서 설명한다. 한국인과 일본인, 중국인의 특성에 맞추어 어떻게 음식 장사를 했는지 살피고, 그 사례를 통해서 장사하는 방법을 설명하려는 것이다. 한국인과 일본인과 중국인은 다른 사고방식을 가지고 있다. 보통 한국인의 마음에는 선비가 있고, 일본인의 마음에는 사무라이가 있고, 중국인의 마음에는 비단 장수 왕서방이 있다고 한다. 다시 말하면, 한국인은 학자 스타일이고, 일본인은 기술자 스타일이고, 중국인은 장사꾼 스타일이라는 말이다. 이렇게 비교해서 보면, 캐리커처를 보는 것처럼 세 나라 사람의 특징을 명확하게 볼 수 있다.

사람의 의식이라는 것은 실체가 없다. 객관적으로 증명할 수 없는 정신의 영역이다. 그래서 실물인 음식을 통해서 그 사람의 의식을 가늠해보려고 한다. 음식은 나라마다 맛의 결이 다르다. 각 나라의 음식은 손의 지문과 같아 고유의 음식에 따라 그 마음결을 유추할 수 있다고 한다. 한식과 일식과 중식의 조리법과 맛의 차이를 통해 세 나라의 민족적 특징을 알 수가 있다. 장사란 무엇이고, 장사를 통해서 돈을 어떻게 벌었는지도 살펴볼 수 있다. 한국인, 일본인, 중국인 차례로 설명한다.

먼저 한국인의 한식을 살펴보자. 한국인의 저변에는 선비 사상이 자리 잡고 있다. 선비는 마음을 공부하는 사람들이다. 그 선비에게 음식은 마음을 다하는 '손맛'이다. 결국 한식은 '손끝'에서 나오는 '손맛'을 대변하고 있다. 무치다, 비비다, 주무르다, 버무리다 같은 동사는 모두 손으로 하는 행위이다. 그 행위에 의해서 손맛이 만들어진다. 그래서 한식은 손맛이라고 한다. 이 손맛을 가장 구현한 것이 어머니가 집에서 해준 밥이다. 한식은 음식에 마음에 담기는 것, 즉 정성이 제일 중요하다. 그 정성을 가장 잘 담아내는 건 가정집이지 식당이 아니다. 한국의 음식은 장사에 적합한 음식이 아니다. 담아내기 어려운 정성을 담아내야 한다니, 처음부터 어려운 영역이다. 한국인은 음식과 돈을 연결을 짓는 것, 나아가 돈 밝히는 것을 꺼리는 문화가 있었다. 그래서 음식 장사가 발달하지 못했다. 그러다가 IMF 이후에 생계에 내몰리면서 음식점이 우후죽순 생겨났다. 기초도 없이 갑자기 음식 장사에 뛰어들면서 대부분은 3년을 넘기지 못하고 문을 닫았다. 장사는 보이지 않는 노하우가 필요한 사업이다. 몸으로 때운다고 성공하는 영역이 아니다.

둘째, 일본인의 일식이다. 일본인의 저변에는 사무라이 정신이 있다. 사무라이는 칼로 사람의 목숨을 다루는 사람이다. 일식에는 그런 칼의 맛이 있다. 그들은 음식의 중요한 요소를 '칼'로 만들어낸다. 일본 음식은 칼끝에서 나온다. '칼이 만든 맛' 또는 '칼맛'이라고 볼 수 있다. 생선이 날카로운 칼끝에 잘려 '스시'가 된다. 일식은 칼을 다룰 줄 아는 장인에 의해 만들어진다. 일본 사람은 기술, 즉 장인정신을 중요시한다. 일본 식당은 음식 기술자가 음식을 만들어서 그 기술로 평가받는 곳이다. 일본 식당은 그래서 장인이 대를 거듭해서 장사해온 음식점이 즐비하다. 기술의 내공이 거의 범접할 수 없는 수준으로 쌓여 있다.

셋째, 중국인의 중식이다. 중국인의 저변에는 상인 의식이 깔려있다. 그 저변에는 '비단 장수 왕서방'의 피가 흐른다. 중식에서 가장 중요한 것은 손도 아니고, 칼도 아니며, '불'이다. 중식은 '불 끝'에서 만들어진다. '불맛'이 제대로 살아나야, 맛있는 중국 음식이다. 대부분 중식은 웍에 동물성 기름을 넣고 300℃ 고온으로 지글지글 볶아서 만들어낸다. 중국 요리법은 볶는 것, 튀기는 것, 찐 것을 다시 볶거나, 튀긴

것을 볶거나 하는 요리법이다. 넘치는 불길이 직접 음식에 닿아야 불맛이 입혀진다. 그렇게 중국 음식은 불로 만들어진다. 웬만한 일반 가정집에서는 300℃ 이상의 화력을 가진 취사 기구를 구비할 수 없다. 전문적인 음식점에서 구비할 수 있는 기구이다. 대부분 중국인은 집에서 식사하기보다 공동으로 먹거나 객잔이라는 식당에서 식사한다. 화력을 갖추고 제대로 불맛을 낼 수 있는 식당을 이용하는 것이다. 이렇게 태생적으로 중식은 음식점에 적합한 음식이었다. 중국인에게는 음식마저도 장사였다. 이렇게 중국인은 뼛속까지 장사로 무장한 사람들이다.

세계 곳곳에 중국 식당과 일본 식당이 많은 건 바로 음식의 역사 덕분이다. 우리나라에서 최초로 현대화된 식당이 중국 음식점이다. 우리나라 최초 대중음식점의 메뉴는 '국밥'이었지만, 가장 대중화된 음식점 음식은 '자장면'이다.

동남아 화교는 대부분 처음 시작을 음식 장사부터 한다. 그렇게 음식 장사에서 성장을 거듭해 다른 영역으로 확장하며 부자가 되었다. 지금 동남아 부의 70%는 화교가 차지하고 있다. 태국의 화교 인구는 10%에 불과하지만, 제조업의 90%, 상업의 80%, 철강업과 운수업의 70%, 방적업의 60%는 화교 자본이 지배하는 것으로 알려졌다. 전체 인구의 1.3%가 화교인 필리핀도 경제의 60%를 화교 자본이 장악하고 있다. 우리는 다소 부정적인 이미지로 중국인을 보지만, 그들 속 무서운 장사 기질은 새겨볼 만하다.

중국인과 우리의 장사 방법을 비교하면 차이점을 쉽게 알 수 있다. 중국인은 밑바닥부터 장사하지만, 우리는 허상으로 음식 장사하는 경우도 허다하다. 우리나라는 정년퇴직자가 생계형으로 창업하면서 장사판에 들어온다. 퇴직금만 가지고 장사의 '장'자도 모르면서 식당을 시작하면, 백전백패다. 100명이 시작하면 한두 사람이 남고 나머지는 퇴직금을 날린다는 이야기다. 돈이라는 건 절박하게 쫓아가면 더 멀리 달아난다. 정성이 담긴 선비의 마음에 일본의 장인 기술과 중국의 왕서방 장사 기술을 갖추어야 돈이 저절로 들어오는 장사를 할 수 있다.

마지막으로 세계 경제 대국으로 부상 중인 중국 상인들이 부를 장악하는 방법이다. 화교 장사의 핵심은 한마디로 '겉멋 부리지 않고 본질로 돌아가는 것'이다. 본질에 접근하기 위해서 세 가지의 방법이 있다. 첫째로 최첨단 기술보다 바닥에서 직접 경험한다. 둘째로 세련된 화술 대신 거절할 수 없는 제안을 한다. 다시 말해 심리 영업의 달인이다. 셋째, 시작은 촌스럽고 전근대적이지만, 순간 강력한 힘으로 퀀텀 점프한다. 퀀텀 점프가 가능한 건 치명상을 입지 않는 작은 실패를 반복했기 때문이다.

성공만 했던 사람은 작은 실패에도 치명상을 입지만, 여러 번 작은 실패를 경험한 사람은 웬만해서는 치명상을 입지 않는다. 실패 속에서 장사 면역력이 높아졌기 때문이다. 중국은 작은 실패를 거듭하며 내성을 기른다. 반면에 우리나라 퇴직 창업자들은 한 번 실패하면 완전히 무너진다. 작은 실패 경험이 부족하기 때문이다. 겉멋 부리지 말고, 본질로 돌아가라는 말을 가슴에 새긴다면 어떤 식당을 하더라도 최소한 망하지는 않는다.

결론이다. 다른 나라라고 선입견으로 배척하지 말고, 철저하게 배워야 한다. 일본 사람에게는 칼끝을 단련하는 장인 정신을, 중국 사람에게는 밑바닥부터 시작하는 왕서방 장사법을 배워야 한다. 한국 사람의 정성과 선비 정신을 더하면 그것이 바로 '신의 장사법'이다.

아들아, 돈은 좇는 것이 아니다. 저절로 따라오게 해야 한다. 모든 사업의 뿌리는 장사다. 너는 장사의 기본기를 익혀서, 네 뿌리를 단단히 하길 바란다.

사랑한다. 아들아.

경제 고수가 되는 방법

진정한 고수는 두 가지 음식을 먹어본 경험이 있어야 한다. 눈물 젖은 빵, 그리고 눈물 담긴 샴페인이다. 진정한 고수는 한기 서린 마룻바닥에서 눈물을 뚝뚝 흘려본 사람이다. 그 눈물에 젖은 빵을 먹어본 사람이다. 그 고난의 시절을 모두 이기고, 마침내 정상에 우뚝 선 그때, 벅차서 흘린 눈물이 샴페인 잔에 담기고, 마침내 그 잔을 쭉 들이켜본 사람이다.

"위대함은 눈물 젖은 빵과 눈물 담긴 샴페인에 있다."
피터라는 아버지의 호주인 친구가 있다. 그 친구가 해준 말이다.
피터는 호주에서 6대째 대목장을 하는 갑부 집안의 장자이다. 하지만 성인이 되면 독립 사업으로 출발한다는 집안의 전통에 따라, 그는 20대 초반의 나이에 혼자서 호주산 소고기 수출 사업을 시작했다. 2000년대 초에 BSE(소해면상뇌증)으로 미국산 소고기가 전면 중지되었다. 갑자기 대체재로 한국에서 호주산 소고기 수요가 급증했다. 그는 호주산 소고기를 수출하기 위해서 유통업체에서 일하는 나를 찾아왔다. 처음 만나던 날, 간단하게 저녁 식사를 하면서 비즈니스 협의를 끝내려고 했다. 그러다가 가볍게 한잔 시작한 소맥을 결국에 30잔 넘게 마시게 되었다. 30잔까지만 세고 그 뒤는 세지 못했다. 우리는 그렇게 피가 아닌 알코올이 혈액에 흐르는 형제가 되었다.

피터가 술기운에 형에게만 말해준다면서 자기 집안의 가훈 '눈물 젖은 빵과 눈물 담긴 샴페인' 이야기를 꺼냈다. 피터가 그날은 많이 취했다. 서양인들은 웬만해서 자기의 집안 이야기를 하지 않는다.

그의 선조는 1800년대 영국에서 호주로 이민을 왔다고 했다. 이민 초기에는 너무 어렵고 힘겨워서 눈물 젖은 빵의 나날이었지만, 나중에는 그 고난을 이겨내고 호주에서 손가락 안에 들어가는 대농장으로 키웠다고 했다. 그렇게 어렵게 성공 후 감격의 눈물이 담긴 샴페인으로 축배를 했던 것이, 그 뒤로 집안의 전통이 되었다고 한다. 아버지가 자식에게 가업을 물려주는 날에 샴페인으로 축배를 들면서 '빵과 샴페인' 이야기를 전달한다고 한다. "Bread soaked tears."라고 아버지가 선창하면, "Champagne in tears."라고 아들이 후창한다는구나. 이것이 고난을 극복하고, 정상에 올라선 가문의 전통 계승 방식이다.

가업 계승자가 되기 위해서는 처음 사업은 무조건 혼자 독립해서 맨땅에서 시작해야 한다는구나. 피터도 대학을 졸업한 즉시 호주산 소고기 수출을 위해 한국에 온 것이었다. 피터는 시작부터 운이 좋았다. 그의 품목은 호주의 제주도인 '태즈메이니아'의 소고기였고, 미국산 소고기 판매가 중단되면서 청정 소고기 이미지로 일본과 우리나라에서 판매량이 폭증했다. 단기간에 자기 사업에 성공했고, 그 성공을 인정받아서 집안의 가업을 이어받을 자격을 받았고, "Champagne in tears."라 외칠 수 있었다. 그 친구가 소고기 수출을 다른 사람에게 맡기고, 가업을 이어받으면서 그 후에 우린 만나지 못했다.

진정한 부자는 피터의 집안처럼, 눈물 젖은 빵과 눈물 담긴 샴페인을 맛본다. 그리고 그 정상의 자리를 오래 유지하는 사람은 두 극단의 맛을 오래도록 기억하는 집안이다. 스포츠에서도 그렇고, 사업에서도 그렇고, 어쩌면 모든 사람의 인생 그 자체가 그렇다. 두 가지 맛을 기억하는 사람만이 진정한 고수다.

우리가 잘 알고 있는 영화배우의 예를 들어, 눈물 젖은 빵과 눈물의 샴페인 의미를 세부적으로 설명하려고 한다. 소개할 사람은 영화배우 송강호. 오랫동안 정상의 위치에 있어서 너는 송강호 배우가 레드

카펫을 밟고 축배를 마시는 모습만 기억할 것이다. 하지만 그에게도 무명 시절이 있었다. 송강호 배우는 1991년, 연우무대라는 극단에 입단하여 연기를 시작했다. 주로 연극 무대였고, 영화에선 엑스트라 수준의 배역을 맡았다.

그렇게 6년이 지나, 1997년 이창동 감독의 〈초록물고기〉라는 영화에서 제법 비중 있는 조연 역할을 했다. 그는 〈초록물고기〉에서 삼류 건달 역할을 맡았다. 워낙 출중한 연기로 그 당시에 진짜 양아치를 섭외한 것이 아니냐는 말이 있을 정도였다. 그 덕분에 〈넘버3〉라는 영화에서 '헝그리 정신'을 강조하는 감칠맛 나는 조연 연기로 스타 반열에 올라섰다. 그 뒤 송강호의 승승장구하는 모습은 다들 알고 있는 내용이다.

그러면 그가 어떻게 대한민국 정상의 영화배우로 우뚝 설 수 있었을까? 그의 연기 인생에 일어난 세 가지 사연으로 설명한다. 배우 송강호는 눈물 젖은 빵을 먹어보았고, 눈물 담긴 샴페인을 마셔보았다. 여기에 연극 무대에서 참 연기를 경험했기 때문에 정상의 배우로 오래갈 수 있었다. 앞으로도 오랫동안 그는 정상에 머무를 수 있는 배우라고 아버지는 생각한다.

우리가 알고 있는 성공한 스타로 그 자리를 오랫동안 지켜나가는 배우 중에 유독 연극배우 출신이 많다. 그 이유가 무엇일까? 연기력도 뛰어나고, 사생활에서도 자기관리가 철저하기 때문이라고 생각한다. 그렇다면, 연극 무대의 어떤 힘이 그들을 연기의 달인이자 모범적인 생활인으로 만들었을까? 그 이유를 네 가지 꼽고 싶다.

첫째는 현장감이다. 영화와 드라마를 촬영할 때 배우는 카메라 앞에서 연기한다. 그들 앞에 같이 호흡할 관객이 없고, 카메라가 있다. 배우가 관객과 같이 호흡하는 경험이 있는 것과 그런 경험이 없는 것은 하늘과 땅 차이다. 드라마에 없는 현장 관객이 연극 무대에는 있다. 관객과 함께하는 현장 경험은 배우의 연기 감각을 달라지게 한다. 연극배우는 관객과 함께하는 현장감 있는 무대에서 살아있는 연기 감각을 익힌다. 가수가 무대에서 노래할 때 관객이 같이 떼 지어 합창한다면, 가수의 노래가 달라진다. 강연자가 강연할 때 귀 기울이는 관객이 있다면 강연의 내용이 달라진다. 무대 위에서 관객과 하나되는 순간을 경험한 그 현장감이 배우의 연기 내공을 만들어 준다. 그 현장감이 바로 그들을 특별하게 만든다.

둘째는 같은 연기의 반복이다. 연극배우는 공연마다 같은 연기를 다른 관객 앞에서 반복한다. 어떤 연기는 무대에서 수백 번 반복하기도 한다. 하지만 영화 드라마는 장면을 찍어서, 모인 필름을 편집해서 만든다. 단 한 번의 실전 연기로 끝난다. 필름을 반복해서 방영할 뿐이다. 연극은 일회성으로 휘발되는 무대이기에, 매번 무대에서 같은 연기를 혼신을 다해서 반복한다. 그 무한 반복 속에서 연기력의 상승이 일어난다. 비틀스의 함부르크 클럽 무대처럼, 연극배우에게 1만 시간의 연습이 자연스럽게 쌓인다. 그렇게 쌓인 반복 효과가 그들을 특별하게 만든다.

셋째, 훈련된 발성법으로 목소리의 울림을 전달한다. 배우는 표정으로도 연기를 하지만 가장 중요한 표현 수단은 목소리다. 영화와 드라마는 마이크와 스피커라는 기계 장치로 목소리를 증폭한 소리다. 하지만 연극배우는 배에서 나오는 울림이 없으면 무대를 채우지 못한다. 영혼의 소리, 가슴의 소리는 저 깊은 뱃속에서 울리는 발성법이어야 가능하다. 이 발성법으로 풀어내는 언어의 울림이 그들을 특별하게 만든다. 성악가가 울림이 있는 노래로 무대를 장악하듯 연극배우는 울림이 있는 목소리로 무대를 장악한다.

넷째, 배고픔을 안다. 연기란 내가 아닌 다른 사람이 되어야 한다. 다른 사람이 되려면, 다른 사람의 마음을 알아야 한다. 자기 안에 상처와 고통의 경험이 있어야, 다른 사람의 상처와 고통도 이해할 수 있다. 사람의 마음 속 상처와 고통을 이해해줄 때 비로소 그 사람과 하나되는 진심이 담긴다. 그런 공감하는 연기가 있어야 관객이 그의 연기에 감동한다. 또한 그 시절의 어려웠던 경험이 사람을 겸손하게 만들어서, 오랜 기간 정상에 남아있을 수 있도록 해준다.

첫째, 눈물 젖은 빵의 맛을 아는 사람.

둘째, 현장의 맛을 아는 사람.

셋째, 눈물 담긴 샴페인 맛을 아는 사람.

너는 연극 무대 같은 인생 무대에서 이렇게 우뚝하게 올라서는 진정한 고수가 되어야 한다. 너는 진정한 고수가 될 수 있다.

아버지는 너를 믿고 있다.

사랑한다. 아들아.

★ ★ ★ ★ ★

4

인생편

· · · · · · · ·

부는 마인드에 있다

부의 사다리가 끊긴 세대

오늘 엄마랑 네가 보내준 스타벅스 모바일 쿠폰으로 커피를 마셨다. 스타벅스에는 너희 또래 청년들이 많았다. 사회적 거리 두기로 좌석이 멀리 떨어져 있음에도 젊음이 어찌할 수 없는 열정으로 웃고 떠드는 소리가 우리 자리까지 대화 내용이 다 들렸다. 우리 좌석 바로 옆 젊은 친구들도 주식 이야기, 주로는 연애 이야기를 하면서 웃고 있었다. 그러다가 새의 깃털, 아니 그보다 더 가볍게 웃으면서 한 친구가 말했다.

"애들아, 이 시대 최고의 극한 직업이 청춘이래."

그 친구들은 들릴락 말락 한 목소리로 말하곤 웃고 있었다. 그러나 우리는 그 말의 한 자 한 자 똑똑히 들었다. 그 친구의 말이 끝나자마자, 엄마와 아버지는 눈이 마주쳤다. 아버지는 엄마의 눈빛에서 극한 직업과 청춘, 그 단어에 오버랩 된 너희 모습을 읽을 수 있었다. 그전에 아버지와 엄마는 '전세 대란 쇼크' 기사 이야기를 하고 있었다. 전세 씨가 말라 주거 사다리가 끊겼다는 기사였다. 우리는 기사에서 '주거 사다리가 끊겼다'라는 부분을 가지고 너희의 미래를 걱정하고 있었다.

보통 부모에게서 독립하면 사글세, 월세, 전세, 아파트 월세, 아파트 전세, 내 집 마련 사다리에 순차적으로 오르게 된다. 주택 시장의 순환 과정으로, 여기에는 더 나은 주거 환경에서 살고자 하는 인간의 욕망이 작용한다. 주거의 사다리가 있듯이 '부의 사다리'도 있다. 부의 사다리는 예전에는 대학 입학이나 취업, 이직, 결혼 등으로 부모에게서 독립하면 월급 → 월급+저축으로 종잣돈 마련 → 종잣돈+대출로 부동산 매입 → 부동산으로 자산 증식 → 부동산으로 노후 안전 자산 마련 단계로 올라갔다. 그러나 요즘은 저금리로 인해서 저축으로 종잣돈을 마련하는 일이 현실적으로 매우 어렵다. 또한 대출 규제와 집값 폭등으로 부동산 투자를 통한 자산 증식의 통로가 막혀버렸다. 재테크의 경로가 막혀버려서, 우리 아들들은 오직 근로 소득으로만 100세까지 살아야 할 수도 있다. 어쩌면 너희 때는 100세까지 죽어라 일해야 하는 시대가 될 수도 있다. 지금 일본에서는 80세 노인이 고속도로 통과 요금을 받는다고 한다. 우리나라에서도 죽음의 순간까지도 노동해야 하는 시대가 펼쳐질까 걱정됐다.

"이 시대 최고의 극한 직업이 청춘이래!"라는 말과 "전세 씨가 말라 주거 사다리가 끊겼다."라는 말이 뒤섞인다. 우리는 그 말에서 너희 얼굴을 떠올렸다. 너는 아마 저녁 6시 20분에 엄마에게 전화를 받았을 거다. 엄마가 그 시간에 스타벅스에서 전화한 거다. 아버지는 옆에서 엄마가 통화하는 걸 듣고 있었다. 보통 너희 엄마가 전화로 잔소리를 많이 하는데, 그때의 목소리 톤은 엄청 부드럽다고 느꼈을 거다. 너는 전화 목소리이기 때문에 세세하게 듣지 못했겠지만, 사실 너희 엄마는 살짝 울먹이고 있었다. 너희 둘과 전화를 끊고는 엄마가 말했다.

"우리 아이들이 우리가 누렸던 모든 기회의 사다리가 끊기고, 최소한의 기회마저 도둑맞은 청춘이 될까 봐 걱정이다. 왜 자꾸 이런 부정적인 생각이 떠오르지? 이런 감정이 정말 싫다."

그리고 우리는 오랫동안 말이 없었다. 우리는 말이 없고, 그 친구들은 다시 소개팅 이야기를 이어가며 웃고 있었다. 우리는 그저 그 친구들의 엷은 웃음소리를 듣고만 있었다. 그들은 분명 웃고 있었지만, 그들의 웃음은 우리에게 윙윙거리는 소리로만 들릴락 말락 했다.

아버지는 스타벅스에 앉아서 스무 살의 아버지를 생각했다. 아버지는 스무 살로 돌아가고 싶지 않다고, 언젠가 너에게 말했다. 신이 아버지에게 다시 스무 살 청춘으로 돌아갈 수 있게 기회를 준다고 해도 절대로 돌아가지 않겠다고. 왜냐하면 아버지는 그때가 인생에서 제일 힘들었기 때문이다. 다시는 그 과정을 반복하고 싶지 않다. 네가 다시 물어도 고등학교를 자퇴하고, 혼자 방구석에서 보냈던 스무 살로 돌아가고 싶지 않다고 아버지는 대답한다.

그때 아버지는 가야 할 길이 보이지 않았다. 깜깜한 어둠의 세상은 절망 그 자체였다. 아버지는 기회의 사다리를 도둑맞은 젊음이었고, 그 시대 최악의 극한 직업인 청춘이었다. 그때 나를 버틸 수 있도록 해준 힘은 할머니였다. 거친 노동과 관절염으로 일그러진 할머니의 손가락이 나를 버티게 하는 힘이었다. 할머니의 뒤틀린 손가락을 생각하면서, 아버지는 다시 대학 공부를 했다. 고졸 검정고시를 보고 대학에 들어갔고, 그 덕분에 사회로 나아가는 사다리를 겨우 붙잡을 수 있었다.

아버지의 시대엔 대학이 기회의 사다리였다. 아버지의 시대까지는 대학이 성공의 사다리 역할을 했다. 아버지는 그 사다리의 끝을 겨우 잡고 일어나 그래도 이제는 제법 성공한 50대가 되었다. 아버지의 처절한 악착이 그래도 지금 이 정도로 이끌어주었다. 아버지의 노년보다 너희들이 살아갈 삶이 걱정이다.

혹시 이미 너희들의 사다리는 발판과 발판의 간격이 너무 벌어진 것이 아닐까? 아니면 아예 끊겨있는 것이 아닐까? 아버지는 너희 미래가 걱정이다. 아들아, 분명 기회의 사다리 간격이 멀어진 것은 사실이다. 너희들은 온몸을 다해 노력해도 어쩌면 아버지만큼의 성공도 보장받기 어려울 것이다. 그래도 어떻게 하겠니. 힘들더라도 주저앉아있을 순 없다. 그래도 해보는 거다.

아버지가 너희에게 줄 수 있는 종잣돈은 그리 많지 않다. 대신에 아버지가 스물부터 지금까지 해온 경험을 작고 사소한 것까지 남김없이 글로 전할 생각이다. 너는 그것을 기회로 생각하고, 그 글에서 살아갈 힘을 얻기를 바란다. 아버지의 경험은 네 가지로 정리해서 말한다. 이 글은 아버지의 언어다. 꼭 너의 언어로 바꾸어서 마음에 새겨 두어야 한다.

첫째, 현시대 돈의 원리를 알아야 한다.
이젠 돈을 은행이나 금고에 쌓아도 쌓이지 않는 시대다. 저금리 시대의 돈은 여름 호수 속의 물이다. 시간이 지날수록 증발하여 물이 점점 사라진다. 돈의 가치가 하락하는 저금리, 고인플레이션의 시대다. 이럴 땐 돈이 스스로 쌓여가는 자산에 투자해야 한다. 부동산이 될 수도 있고, 금이 될 수도 있으며, 주식이 될 수도 있다. 그때그때 돈의 형편과 자산 포트폴리오에 따라 결정해야 한다. 아버지도 네 옆에서 같이 공부하면서 도와줄 것이다.

둘째, 투자는 장기전이다.

너는 최후의 승자가 되겠다는 마음으로 전략을 세우는 것이 좋다. 가장 경계할 대상은 조급한 마음이다. 밥 짓는 것처럼 뜸이 제대로 들 때까지 기다릴 수 있는 인내가 필요하다. 그래서 '영끌'이나 '빚투'는 정말 신중하게 결정해야 한다. 좋은 기회에 승부수를 던지는 용도로 활용은 가능하나, 장기전을 할 수 없는 전투이기 때문이다. 빚은 시간이 감당할 수 없는 무거운 짐이라, 장기전에선 버틸 장사가 없다. 너는 투자에선 최후의 승자가 되겠다는 느긋한 마음을 가져야 한다.

셋째, 정기적인 소득으로 돈 모으는 재미를 들여야 한다.

"부자가 되고 싶으면 버는 것뿐 아니라 모으는 것도 생각하라."

가난한 집에서 태어나 큰 부를 이룬 미국의 정치가 벤자민 프랭클린의 조언이다. 월급과 같은 정기적인 소득을 가지고, 그것을 아껴서 종잣돈을 만드는 재미를 느껴야 한다. 이것은 너희 엄마의 주특기다. 너희 엄마에게 배워야 한다.

넷째, 정보의 인프라를 구축하라.

살면서 접하는 일상의 정보는 그 사람의 경제 관념을 바꾼다. 너희 엄마는 집을 사기 전 그 지역에서 먼저 전세로 살아보고, 그다음에 집을 샀다. 살아있는 정보를 얻는 방법은 그곳에서 살아보는 것이고, 그곳의 부자들과 친해져서 그 사람들의 통찰을 배우는 것이다. 이것이 정보의 인프라를 구축하는 방법이다.

그 전에 우선은 견뎌야 한다. 너는 부의 사다리가 끊긴 시대를 살아가게 된다. 아버지는 그런 너에게 무작정 견디라는 무책임한 당부로 마무리하고 싶지 않다. 그러나 세상의 모든 성공은 '고통이라는 죽음의 계곡'을 지날 수밖에 없기에 우선은 그 말을 하고 있다. 그 구간에서는 떨어지지 않고, 그냥 버티는 것이 최선이다.

아들아, 우선 견뎌야 한다. 그리고 마지막에 웃는 거다.
사랑한다. 아들아.

당당하게 살아라

"당당하게 살아."

〈내 깡패 같은 애인〉이라는 영화가 있다. 영화에서 유난히 기억에 남는 건 분식집에서 라면을 먹는 장면이다. 취업 준비생 여자 주인공 세진(정유미)이 또 취업에 실패하고 집으로 돌아오다가 분식집에 들렀다. 그곳에는 동네 건달인 동철(박중훈)이 먼저 라면을 먹고 있다가, 풀이 죽어 들어온 세진에게 위로의 말 던진다. 동철은 동네 깡패인지라 무식한 스타일의 직설 화법이다.

우리나라 백수 애들은 다 제 탓인 줄 알아요.

지가 못나서 그런 줄 알고….

취직 안 된다고 네 탓 아니니까 당당하게 살아. 힘내. XX!

　동철은 숫자가 들어간 욕을 하며 맛깔스럽게 위로를 마무리한다. 오늘은 '취업 준비생'에 대한 이야기를 하려고 한다. 주로 아버지가 직장생활할 때 면접관으로 참여하면서, 느꼈던 생각들을 정리해 두었다. 네가 취업을 준비할 때 참고하길 바라는 마음이다. 보통 신입 사원 면접은 세 단계로 되어 있다. 면접의 구성은 시작하는 말과 본 질문들, 그리고 끝맺는 말이다. 아버지는 면접이라는 것은 시작과 끝의 몇 초가 전부라고 생각한다. 면접의 본 질문은 큰 의미가 없다고 보면 된다. 대부분 면접관은 면접 시작하고, 보통 3초면 이미 판단을 내린다. 그리고 면접 끝나기 3초 전에 처음 판단을 확정 짓는다. 결국 면접은 시작의 3초와 끝의 3초 싸움이다. 그래서 아버지가 면접의 시작과 끝이 중요하다고 강조했다. 이것은 아버지가 면접을 시작할 때 항상 하는 말이다.

오늘 이 자리는 여러분의 능력을 평가하는 자리가 아닙니다.
여러분과 우리 회사가 궁합이 맞는지를 확인하는 자리입니다.
중요한 건, 여러분 참모습을 그대로 보여주는 겁니다.

　이렇게 첫인사를 하면서 지원자들이 편하게 자기 생각을 말할 수 있도록 해주고 면접을 시작한다. 그리고 중간에 다른 면접관이 유관부서에서 내려준 매뉴얼대로 지원자들에게 두세 가지 질문을 한다. 그 질문이 다 끝나면 아버지는 끝맺음 말을 한다.

오늘 이 면접의 합격과 불합격은 여러분의 능력과 아무런 관련이 없습니다. 여러분과 우리 회사가 궁합이 맞는지 여부를 판단하는 자리였기 때문입니다. 오늘 만난 여러분들은 이 면접의 결과에 상관없이, 충분히 능력이 있는 분들입니다. 혹여 저희와 인연이 되지 않더라도, 어디에서든 당당하게 살아가세요.

이것이 아버지의 면접 방식이었다. 이렇게 면접을 한 건 아버지만의 세 가지 이유가 있기 때문이다.

첫째는 오직 사람됨으로만 평가하기 위함이었다.
눈에 보이는 능력은 빙산의 일각이다. 우리가 눈으로 볼 수 있는 능력은 그 사람의 1%도 되지 않는다. 수면 아래에 있는 99%가 중요하다. 그 짧은 면접에서 수면 아래 99%를 볼 수는 없다. 그런데 사람됨은 감추려고 해도 다 드러난다. 사람됨을 느끼는 감각에는 신비로운 유전자 센스가 달려있다. 인류 역사에서 능력으로 평가해왔던 시기는 기껏해야 오천 년이고, 사람됨을 평가해왔던 시기는 수백만 년이기 때문이다. 그래서 우리 유전자에는 사람됨을 평가하는 감각이 수백만 년에 걸쳐서 몸에 각인되었다. 한 번에 척 보고, 나를 죽일 사람인지 살릴 사람인지 구별한 선조들이 살아남아 자손을 낳았을 확률이 높다. 그래서 우리는 능력보다는 그의 사람됨에 대한 평가를 더 정확하게 내릴 수 있다.

둘째는 직장 생존 게임의 룰이 변했기 때문이다.

한마디로 이제 직장이라는 무대는 조정 경기장이 아니고 래프팅 계곡이다. 예전 직장은 조정 경기장과 같아서 능력 있는 사람이 선두에서 노를 잘 젓기만 하면 되었다. 계곡의 급류에서는 노의 방향을 순간순간 판단하고 저어야 하기 때문에 리더의 역할과 능력이 중요했다. 현재의 직장은 래프팅과 같다. 이제는 정해준 일을 잘하는 능력은 크게 소용이 없다. 각자의 위치, 적재적소에서 모두가 역할을 다해야 한다. 그러니 사람의 개성을 하나의 잣대로 평가해서는 안 된다. 21세기 시장의 급류 타기를 함께 할 익스트림 스포츠맨을 뽑아야 한다. 순발력과 위험을 즐길 수 있는 강한 심장이 필요하다. 그래서 아버지는 도전적이고 당당한 사람에게 후한 점수를 주었다. 이것이 면접의 둘째 원칙이었다.

셋째는 직장은 일종의 비빔밥이기 때문이다.

아버지가 직장생활 25년 동안 면접을 보았던 취업 준비생이 1,000명이 넘는다. 솔직히 말하면 100명이면 100명, 1,000명이면

1,000명 그 능력은 엇비슷하다. 속담처럼, 능력에 있어서는 그 나물에 그 밥이다. 중요한 건 이 밥과 나물이 직장이라는 양푼 그릇 안에서 어떻게 비벼지는가이다. 그 밥이 꼬들꼬들하거나, 나물에 취나물이 있고 없고는 그리 중요하지 않다. "요즘 친구들은 근성이 없어. 요즘 친구들은 예의가 없어. 요즘 친구들은 기본이 안 되어 있어…" 내 주변에는 이런 말을 하는 리더들이 많았다. 그들은 좋은 목수가 아니었다. 좋은 목수에게는 연장이 문제가 아니다. 좋은 리더는 전주비빔밥을 만들 것인지, 육회비빔밥을 만들 것인지 명확하게 정해서 필요한 인재를 뽑는 것이고, 선발한 인재가 잘 화합하도록 적재적소에서 역할을 하는 리더다. 이것이 아버지가 세 번째로 중요시한 점이었다.

아버지는 누구보다 취업의 당락은 능력과 관계가 없다는 걸 잘 안다. 만약에 네가 대학 졸업 후 취직을 못 하고 집에 있더라도 아버지는 이렇게 말하겠다. 깡패 동철이 취업 준비생 세진에게 했던 말이다.

"아들아, 당당하게 살아. 너의 취업 준비생 신분은 네 탓이 아니다."

유치원 2년, 초등학교 6년, 중학교 3년, 고등학교 3년, 대학교 4년, 꼬박 18년을 준비했는데, 다시 취업 준비생이라는 꼬리표를 달고 방구석에 있는 것이 어찌 네 탓이냐? 절대로 아니다. 어른 탓이요, 경기 탓이요, 나라 탓이다. 너희들 탓이 절대 아니다. 어른 탓, 경기 탓, 나라

탓으로 충분히 고통을 받으면서 왜 자기 탓이라고 자책하며 스스로 고통을 가중시키느냐? 절대 그러지 마라. 다른 모든 사람이 너를 비난하더라도, 아버지는 너의 편이 되어줄 것이다. 과거에도 그랬고, 지금도 그렇고, 앞으로도 영원히 너의 편이다.

당당하게 살아라.
사랑한다.

지하, 반지하, 지상의 삶

그제 너의 전화는 의외였다. 목소리는 격앙되었고 너는 토해내듯이 말했다.

"아버지, 영화 〈기생충〉을 보았습니다. 그 영화에 충격받았어요. 바로 아버지의 글을 다시 읽었습니다. 아버지, 저는 느꼈습니다. 우리 삶에는 계층이 있고 그것이 지상, 반지하, 지하의 공간으로 나뉘어 있고, 그 기준은 경제 수준이라는 사실을 깨달았습니다. 막연하게 삶이 똑같지 않다고 생각했지만, 그것이 이토록 확연한 차이인지는 몰랐습니다. 영화를 보면서 반지하의 모습이 각인되었고, 아버지의 글에서 지금의 반지하 삶을 보았습니다. 저는 부의 사다리가 끊긴 곳에 있는 반지하의 삶이 두렵습니다."

네가 잠깐 말을 멈추고서야 아버지는 겨우 말할 수 있었다. 아버지는 지인들과 있다고 나중에 통화하자고 했다. 아직 반절도 말을 못 했다는 너의 말을 뒤로하고, 아버지는 우선 전화를 끊어야 했다. 아들아, 그때 아버지는 양 대창 구이 식당에서 지인들과 식사를 하고 있었다. 식사하는 내내, 영화 〈기생충〉과 너의 말을 떠올렸다.

영화 속 공간은 '반지하'였다. 반지하는 지상과 지하가 반쯤 걸쳐진 세상이다. 그러나 반지하의 소속은 지하다. 사람들이 반지하를 '반지상'이라고 부르지 않는 이유는 소속이 명확하게 지하이기 때문이다. 지상과 지하를 가르는 기준은 대지 바닥이다. 대지 아래는 지하이고, 대지 위는 지상이다. 반지하는 물리적 공간으로는 절반이지만, 자본주의적 공간 개념으로는 지하가 90% 이상이다.

반지하의 사람들은 양쪽 세상을 이용한다. 그들을 통해 양쪽의 냄새를 넘나든다. 지상과 지하는 서로 다른 냄새를 가지고 있다. 그 냄새는 삶의 체취이다. 지상 사람은 지하의 가난 냄새를 불쾌하게 여긴다. 지하 사람들은 지상의 욕망 냄새를 불쾌하게 여긴다. 마침, 옆 좌석에서 대창 기름이 불에 떨어져 매콤한 연기가 우리 쪽 좌석으로 넘어왔다. 아버지는 연기로 눈물 콧물을 흘리면서 잘 구워진 대창을 매콤한 소스에 찍어서 먹었다. 대창에서는 반지하의 맛이 났다. 나는 그래서 대창 구이를 좋아하는 거다. 바로 이 가난의 맛 때문이다.

네가 영화에서 구체적으로 무엇을 보았는지 궁금하다. 네가 아버지의 모습을 송강호 배우가 연기한 반지하의 기택에게서 보았을까? 어쩌면 영화 속 기택에게서 아버지의 감추어진 옛 모습을 보았겠다고 생각했다. 둘째는 기억하지 못하지만, 너는 어렴풋하게 우리가 반지하의 삶을 살았던 시절을 기억할 것이다. 영화를 보면서 반지하의 기억이 되살아났을 거라고 본다.

1997년 10월 아버지와 엄마가 단돈 3,000만 원으로 시작한 신혼살림은 고덕동 반지하 전세였다. 그때부터 4년 동안 우리는 서울시 고덕동과 경기도 구리시의 다세대 주택 반지하를 전전했다. 우리가 마지막으로 반지하 전세를 벗어난 건 2001년 겨울이었다.

2001년에는 네 나이가 네 살이었다. 너는 잠깐이었지만, 아버지는 어릴 적부터, 그리고 결혼 후에도 반지하에 살았다. 20년이 넘는 세월이다. 그래서 반지하의 삶이 어떤 건지 잘 알고 있다. 거기서 깨달은 걸 너에게 알려준다. 영화를 보고 네가 충격받은 이유가 거기에 있다. 그 이유를 알아야 너는 지상으로 올라가는 탈출구를 찾을 수 있다.

너는 영화 〈기생충〉에서 자본주의의 속성 세 가지 원리를 깨달아야 한다. 영화로서 재미를 즐기는 데 그치지 말고, 꼭 경제 원리를 깨닫기 바란다. 그래야 경제 공부에 보탬이 된다.

첫째는 자본주의 속 욕구의 원리다.

너는 마음속에 떠도는 욕구의 원리를 알아야 한다. 욕구는 결핍의 산물이다. 즉 사람의 모든 욕구는 그 사람의 결핍을 말한다. 이것을 가장 잘 설명하는 것이 매슬로의 욕구 이론이다. 먼저 가장 바탕인 '생리와 안전의 욕구'가 채워져야 그다음인 '애정과 소속의 욕구'에 이르고, 이 단계의 욕구가 채워져야 '존경과 자아실현의 욕구'도 채울 수 있다는 이론이다. 영화에서 근세가 살던 지하실은 생리와 안전의 욕구 공간이고, 기택이 살던 반지하는 애정과 소속의 욕구 공간이며, 지상 위 이층집은 존경과 자아실현의 욕구 공간이다. 하위 단계인 건강하지 못한 욕구가 우리 삶을 지배한다. 지하실의 욕구에서 벗어나야 지상 위 욕구를 채울 수 있다. 지하의 욕구는 경제의 기본 토대 위에 있다. 즉 자본주의 사회에서는 돈이 지하의 욕구를 해결하는 역할을 한다. 지상의 욕구는 돈만으로 채울 수 없지만, 지하의 욕구는 돈으로 완벽하게 채울 수 있다. 이것이 자본주의 욕구의 원리이다.

둘째는 자본주의 속 돈의 원리다.

물질인 돈의 원리를 알아야 한다. 돈의 원리에 따라 경제생활은 자본 잠식의 삶과 자본 증식의 삶으로 나뉜다. 돈의 원리가 잠식과 증식

사이에서 작용한다. 그 기준선이 바로 땅이다. 대지 위 지상은 돈의 증식 공간이고, 대지 밑 지하는 돈의 잠식 공간이다. 지상에서는 돈이 돈을 버는 선순환이 일어나고, 지하에서는 욕구가 돈을 잡아먹는 악순환이 일어난다. 지상의 사람들은 돈이 돈을 버는 경제 토대 위 삶을 살아간다. 반대로 지하의 사람들은 돈을 소비하는 경제 토대 위 삶을 살아간다. 자본주의의 맹점은 가진 자들이 없는 자들의 모든 것을 빼앗아가는 개미지옥이라는 점이다. 자본주의가 개미지옥이라는 것을 알아야, 그 개미지옥에서 벗어날 수 있다. 그 원리가 바로 경제 원리이다.

셋째는 자본주의 습관의 원리다.

어릴 적 경험은 시간이 흐르면서 마음에서 점점 커진다. 처음에는 싫어해도 시간이 흐르면서 습관이 되어 간다. 대표적인 것이 바로 담배이다. 아버지가 담배를 피우는 모습을 보았던 아이들은 커서 담배를 피울 확률이 높다. 아버지는 2004년까지 담배를 하루에 한 갑씩 피웠다. 아버지가 담배 피우는 걸 너는 어릴 때 제일 싫어했다. 그러나 그 모습을 보았던 너는 지금 담배를 피우고 있다. 그 모습을 보지 못했던 네 동생은 담배를 피우지 않는다. 어릴 적 경험은 인생 전반에 영향을 미친다. 이 행동은 습관이 되어 사람의 삶을 지배한다.

가난을 대물림한다는 건, 단순히 물질적인 대물림이 아니다. 습관의 대물림이다. 아버지는 반지하의 습관을 너희에게 대물림하긴 정말

싫었다. 아버지가 오십이 넘어서 술과 담배를 철저하게 끊은 이유가
여기에 있다. 아버지는 최소한 계획하는 삶을 살아오려고 노력했다.
아버지의 지난 25년은 반지하의 꿉꿉한 지린내가 가족의 몸에 배지
않게 하려는 고투였다. 그 점만은 네가 알아주었으면 한다.

아들아, 자본주의의 세 가지의 원리를 마음에 새겨두고 있어야 한
다. 이것이 아버지의 희망 사항이다. 자본주의 욕구의 원리, 자본주의
속 돈의 원리, 자본주의 속 습관의 원리이다. 영화의 마지막에 아들인
기우가 지하실에서 숨어 지내는 아버지를 향해서 했던 내레이션으로
내가 할 말을 대신한다.

아버진 그 집의 지하실에 그대로 있어도 됩니다.
제가 그 집을 살 겁니다.
그때, 아버지는 계단만 올라오시면 돼요.

돈의 순리에 따라라

순리라는 말이 있다. 순한 이치나 도리로서, 그 도리나 이치에 순종하는 걸 의미한다. 돈과 집에도 순리가 있다. 돈의 순리는 비용에서 저축으로, 저축에서 안전 자산으로 우상향하는 것이고, 집의 순리는 월세에서 전세로, 전세에서 자가로 우상향하는 것이다. 비유하자면, 작은 것부터 큰 것으로, 좁은 곳에서 넓은 곳으로, 불편함에서 편함으로, 수수함에서 화려함으로, 세상은 순리대로 살아야 힘이 들지 않는다. 만약에 반대로 순리를 역행하면, 역행의 대가로 고통이 따른다. 역행의 대가로 고통을 받는 것 또한 순리라고 말할 수 있다. 돈의 역행은 안전 자산을 저축하는 돈으로, 저축의 돈을 비용의 돈으로 반대 방향으로 가는 걸 말한다. 역행의 대가로 뒤따르는 고통이 바로 가난이다.

가난의 악순환 고리에 끼이게 된다.

집도 마찬가지다. 집의 역행은 자가에서 전세로, 전세에서 월세로 가는 거다. 역행에는 돈보다 더 큰 고통이 따른다. 왜냐하면, 집은 돈 중 제일 덩치가 크기 때문이다. 요즘 전세의 월세 전환은 가장 큰돈인 집의 역행이다. 현 상황은 여기에 고통의 법칙 하나가 추가되었다. 고통은 자발적 선택인 경우보다 비자발적 선택일 때 마음이 받아들이는 무게가 더 무겁다. 자발적으로 선택해도 참기 힘든 고통인데, 강요받은 선택으로 당하는 고통이라면 더욱 참아내기 힘들다. 지금 서민에게 반전세로의 역행은 자발적인 역행이 아니라 비자발적인 역행이다.

그러니 고통을 받는 서민은 분노를 넘어 증오의 감정을 느끼게 된다. 분노는 상황에 대한 미움이지만, 증오는 특정 대상을 향한 미움이다. 분노는 위험한 감정이 아닐 수 있지만, 증오는 위험한 감정이다. 그래서 분노보다 증오가 무서운 것이다. 아들아, 이 무서운 증오의 덫에 빠지지 않아야 한다. 당하고서 증오하기보다는 집의 순리를 미리 깨닫고 대비해야 한다. 너는 집의 역행이 일어나지 않도록 미리 준비해야 한다.

너희 엄마는 이런 집의 역행이 일어날 걸 미리 예견하듯이 대비했단다. 너희 엄마는 2020년 6월 초 집 한 채를 더 샀다. 은행 대출 없이 전세를 끼고 집을 사기 위해서, 우리가 살 집은 전셋값이 낮은 구축 빌라로 옮겼다. 빌라 전셋값과 아파트 전셋값의 차이는 1억 5000만 원이었다. 너희 엄마는 은행 이자가 주거 비용으로 사라지는 것이 싫다면서, 당장의 불편함을 감수하고 은행 대출 없이 아파트를 샀다. 우리 집들은 전세금 이외에는 모두 우리 돈이다. 주거와 관련한 이자 비용은 단 한 푼도 나가지 않는다. 종합부동산세 등 세금 폭탄을 감당하는 건 우리가 이자로 내야 할 비용이 한 푼도 없기 때문이다. 이것이 바로 집의 순리다. 너희 엄마처럼, 집의 순리를 따라가도록 해야 한다. 이것이 작금의 전·월세의 사태를 보면서 깨달아야 할 첫 번째 교훈이다.

보통 집에서 큰돈이 움직이는 건 첫째가 집이고, 둘째가 교육비이고, 셋째가 자동차이다.

첫째인 집은 앞에서 얘기했고, 둘째인 교육비는 감히 건들 수 없는 절대 비용이고, 그다음인 자동차에 대해서 말하겠다. 자동차 구매는 신중해야 한다. 자동차 구매에 앞서, 우리나라에만 있는 독특한 비용에 대해 말한다. 이것은 오직 우리나라에만 있는 비용일 듯싶다. 아버지가 지금까지 다녀본 세계의 다른 나라에서는 못 봤다. 그것은 바로 '품위 유지비'라는 항목이다. 너도 알고 있는 호주인 친구, 피터와 말콤에게 '품위 유지비'를 설명하는 데 아버지는 실패했다. 물론 아버지의 회화 능력이 부족한 면도 있었다. 하지만 그들은 에티켓이라는 말의 뜻 외에 품위 유지비가 지닌 그 독특한 느낌을 이해하지 못했다. 도대체 품위 유지비가 무슨 비용이냐는 거다. 체면에서 비롯된 비용은 우리나라에만 있고, 그들은 알지 못했다. 아버지는 결국엔 '에티켓의 코리안 디스카운트'와 비슷하다고 설명하고 말았다.

사람들의 관계에 쓰이는 비용 중에 참으로 쓸데없는 돈이 품위 유지비다. 도시 생활 속에서 눈에 보이지 않는 품위 유지비 중 높은 구성비를 차지하는 건 자동차에 관련한 것이다. 아버지는 가끔 지인들과 골프를 친다. 도저히 거절할 수 없는 경우에만 간다. 그때마다 느낀다. 아버지의 자동차를 대하는 사람들의 눈빛을 말이다. 이건 골프장에서 못 볼 것을 보았다는 표정이었다. 그들은 아버지를 자동차로 판단하는 표정이었다. 그러나 아버지는 그들의 표정을 바꾸기 위한 품위 유지비로는 한 푼도 쓰고 싶은 마음이 없다. 아버지는 아직도 품위 유지가 전혀 되지 않는 2004년식 스포티지를 타고 다닌다. 지금 17년째 타고 다닌다. 오늘까지 주행거리가 25만 7648km다. 요즘 환경문제로 연식이 오래된 경유 자동차는 매연 저감 장치를 부착해야 한다. 서울시에서 부착 비용을 지원해준다고 한다. 그래서 아버지는 다음 주에 매연 저감 장치를 부착해서, 3년 정도를 더 탈 생각이다. 그러면 아버지는 20년을 한 차로 타는 것이다. 그리고 요즘은 특별한 일이 아니면 아예 대중교통을 이용한다.

자동차로 너의 품위를 유지하려고 할 필요가 없다. 사람의 품격은 보이는 자동차의 등급이 아니라 보이지 않는 '가슴 속 마음'과 '주머니 속 돈'에 있다. 보이는 품격에 쓸데없는 비용을 쓸 필요가 없다. 자동차를 사지 말라는 것이 아니다. 너의 품위 유지가 아니라 합리적 소비 기준에 따라서 사라는 말이다. 그리고 자동차는 구매 비용뿐 아니라 구매 후 유지 비용을 꼼꼼하게 따지라는 말이다. 대개 품위 유지 기준으로 산 자동차는 구매 비용도 비싸지만, 유지 비용은 더 만만치 않다. 자동차는 구매 비용이 아니라 유지 비용 문제가 더 크다. 자동차를 구매하는 비용은 일시에 목돈이 들어가는, 눈에 보이는 돈이다. 그러나 유지비는 조각으로 흩어진 돈이다. 단순하게 생각하면, 이까짓 푼돈 하겠지만, 쌓이면 자동차 구매비도 능가하는 돈이다. 자동차 초기 구매비를 5,000만 원으로 잡는다면, 10년을 탔을 때 유지비는 구매비의 2배인 1억 원 정도라고 한다. 전문가들의 말이다. 당장 눈에 보이는 건 자동차 구매비지만, 돈의 크기는 보이지 않는 유지비가 더 크다. 너는 절대로 품위 유지 차원에서 자동차를 구매하지 말고, 합리적인 소비의 기준으로 자동차를 구매해야 한다. 이것이 자동차의 순리이다. 너도 아버지처럼, 자동차의 순리를 따라가야 한다. 이것이 작금의 반전세 사태를 보면서 깨달아야 할 두 번째 교훈이다.

돈의 순리, 집의 순리, 차의 순리를 따라야 한다. 절대 역행하지 않도록 해야 한다. 역행은 반드시 대가가 따른다. 만약에 어떤 직장인이 역행의 고리 속에 있는데, 갑자기 퇴직으로 월급이라는 고정 소득이 끊어졌다고 치자. 그 직장인은 바로 나락으로 떨어진다. 아버지가 스스로 과감하게 직장을 그만둘 수 있었던 것도 바로 경제적 토대의 순리 위에 있었기 때문이다. 가장 당당한 사람은 어떤 상황에서 잃을 것이 없는 사람이다. 아버지는 직장을 그만두고, 고정 수입이 없더라도 지금의 삶에서 크게 달라지는 것이 없다고 판단했다. 지금부터 들어가는 큰돈이라고는 너희에게 쓰일 비용 이외에는 없다.

소득은 개인이 관여할 수 없는 영역인 경우가 많다. 하지만 소비는 개인의 통제권 내에 있다. 소득은 관계 변수지만, 소비는 독립 변수이다. 너는 독립 변수인 소비를 통제하면서 경제적 순리 위에 너의 삶을 올려놓아야 한다. 이것이 어제의 아버지가 주고 싶었던 교훈이다. 꼭 마음에 담고 있어야 한다.

마지막으로 아버지가 회사를 퇴직하면서 주변 지인에게 보냈던 편지 속 한 구절을 남긴다. 무절제한 생활과 결별하면서 가져가야 할 마음가짐이 담겨있다. 모든 결별은 우아하지 않고, 미련과 회한 속에서 그 선택이 이루어진다. 그러나 미련과 회한이 있을 때 과감하게 결정해야 한다. 너도 아버지처럼, 그렇게 하리라고 믿는다.

저의 퇴직은 어떤 중년 부부가 이혼에 이르는 과정과 같았습니다.

어떤 중년 부부는 한때 서로가 이 사람이 없으면 죽을 것 같아서 결혼했습니다. 그런데 한 이십 년을 살다 보니, 점차 서로가 미워지기 시작했다고 합니다. 그러다가 어느 순간 같은 공간에서 함께 숨 쉬는 것도 싫어하기 시작했습니다.

더는 안 되겠다. 사랑하는 마음이 남아있을 때 아름답게 이혼하자는 마음의 소리에 따르기로 했답니다.

저의 퇴직은 그 중년 부부가 이혼하는 심정이었고, 그렇게 사직원을 냈습니다. 저는 오늘 부로 회사와 결별했습니다.

나는 25년 다니던 회사와 결별하고 새로운 삶으로 뛰어들었다. 순리를 따르는 자만이 할 수 있는 선택이다. 아버지는 이 선택을 조금도 후회하지 않는다. 너 또한 후회 없는 결단을 내릴 수 있는 삶의 토대를 미리미리 마련해야 한다. 이것이 요즘의 전·월세 사태를 보면서 너희에게 들려주고 싶은 교훈이다.

사랑한다. 아들아.

아들아, 결혼은 경제적 계약이다

아들아, 내가 이제껏 한 이야기를 한 줄로 요약하면 이렇다. 가치 소비를 통해서 종잣돈을 모으고, 그 종잣돈을 안전 자산에 투자해서 자본 소득의 토대 위에 너의 수익 구조를 만들어 나가도록 해라.

오늘은 결혼에 관해 이야기하고 싶다. 먼저 한 문장으로 아버지의 생각을 전한다.

결혼은 사랑의 서약이기 이전에 '경제적 계약'이다.

사랑의 결실인 결혼을 경제적 계약이라는 말로 정의하는 아버지를,

너는 속물이라고 말할 수 있겠다. 하지만 나는 경제적 계약이라는 생각이 확고하고, 이 생각을 바꾸고 싶은 마음이 없다. 인생의 90%는 경제적 문제가 얽혀있다. 삶은 돈이라는 물적 토대 위에 정신적 기둥을 세운 건축물이다. 기반인 물적 토대가 튼튼해야 정신의 기둥이 튼튼하게 설 수 있다. 그래서 아버지는 결혼은 경제적 계약이 우선이라고 말한다. 아마도 너는 아버지에게 묻고 싶을 것이다.

"아버지는 저 보고 돈 많은 사람과 결혼하라는 말씀입니까?"

절대로 아니다. 돈 많은 여자와 결혼하라는 뜻이 결코 아니다. 이 아버지는 네가 경제 감각이 있는 사람과 결혼하기를 바라는 마음이다. 현재 돈이 많고 적음이 뭐가 중요하겠니. 경제 감각이 백 곱절 천 곱절 더 중요하다. 오늘 얘기는 경제 감각이 있는 사람을 찾는 방법이다. 네가 결혼했으면 하는 배우자의 모습을 구체적으로 보여주려고 한다.

첫째, '복'이 있는 사람이다.
둘째, '지혜'가 있는 사람이다.
셋째, '맛'을 아는 사람이다.

먼저 복이 있는 사람, 복부인 같은 사람을 만나야 한다.

대한민국 현대사에서 가장 왜곡된 인물 중 한 명이 복부인이다. 요즘으로 말하면 다주택자를 투기꾼이라고 일방적으로 몰아가는 것과 같다. 복부인은 개발 시대 최고의 경제 전문가였다. 그분들을 어떻게 탐욕과 몰염치의 극치인 인물로 폄하는 일을 저질렀는지 안타까울 뿐이다. 그 일에 가장 앞장을 섰던 것은 TV 드라마였고, 언론이었다. 지금이라도 현대 경제사에서 재평가를 받아야 할 인물이다. 그분들은 대한민국 경제 흐름을 정확하게 예측했다. 흔히 따지는 가방끈은 짧은 분이 많았다. 하지만 어느 경제학자보다 정확하게 토지 개발과 주택 개발의 방향을 예측했다. 강 따라, 이 말을 영어로 '리버 사이드 입지' 라고 부동산 전문가는 표현했다. 길 따라, 이것을 영어로 '로드 사이드 입지'라고 부동산 전문가는 표현했다. 그런 외래어로 표현하기 이전에 복부인들은 강 따라, 길 따라 땅을 사고 집을 지었다.

복부인, 바로 이분들이 타고난 경제 전문가들이다. 아들아, 복부인 같은 사람과 결혼해라. 괜히 생물학적인 조건만 따지다가 경제 감각이 없는 사람을 만나면 큰일 난다. 경제 감각이 없는 사람은 너의 경제를 좀 먹는다. 너를 힘들게 하는 짐짝이 될 수 있다. 명품 옷, 명품 핸드백, 명품 자동차…. 명품, 명품, 명품으로 집안 기둥이 부러진다. 아들아, 복부인 같은 사람과 결혼해야 한다.

둘째, 지혜가 있는 사람, '인디언 무당' 같은 사람을 만나야 한다.

대부분의 종교에서 신의 모습은 남자의 형상을 하고 있다. 그래서 신의 표상은 아버지를 형상화하는 경우가 많았다. 반면에 인디언들은 신의 형상을 어머니에게서 가져왔다.

"어머니 대지, 당신의 숨결이 세상 만물에 생명을 줍니다."

인디언들은 다양한 신들을 어머니라고 부르며 기도한다. 그들에게 가장 현명하고 신적인 존재가 어머니이다. 네 어머니가 그렇듯 여자는 실로 지혜로운 존재이다. 그래서 인디언 무당은 그 부족에서 가장 현명한 여자가 임명된다고 한다. 인디언 부족뿐 아니라 먼 옛날부터 남자들은 사냥하는 것 이외에 생활 전반에서는 백수에 불과했다. 당연히 무당은 그 부족에서 가장 지혜로운 여자가 될 수밖에 없었다. 그래서 무당이 부족 내 사냥과 전투 이외에 중대사를 결정했다. 추장이 있지만, 부족 내 상징이고 실질적인 판단은 무당의 의견이 좌우했다.

21세기 사회에는 사냥과 전투보다는 일상의 문제를 해결하는 것이 더 중요하다. 21세기의 삶에는 무당의 지혜가 더 필요하다. 인디언 무당 같은 지혜로운 사람과 결혼해야 한다. 남자는 오랫동안 사냥에만 최적화된 유전자를 가지고 있어서 무당의 지혜를 얻기 힘들다. 네가 결혼해서 무당 같은 지혜로운 사람을 너의 든든한 우군으로 만들어야 한다.

셋째, '맛'을 아는 사람, '이영자' 같은 사람을 만나야 한다.

음식의 맛을 아는 사람이 인생의 맛도 아는 법이다. 사람에게 밥만큼 중요한 것이 없다. 입이 즐거워야 삶이 즐겁다. 음식의 맛을 모르는 사람은 절대로 맛있는 음식을 만들지 못한다. 이영자처럼 음식이 가지는 깊은 맛을 느낄 줄 아는 사람이 너의 입을 즐겁게 할 것이다. 너 역시 음식 맛을 알아야 맛있는 음식을 하고 네 배우자 입을 즐겁게 할 것이다. 이영자의 맛에 대한 감각, 그리고 삶을 재미있게 바라보는 감각이 너의 삶을 즐겁게 만들 것이다. 아들아, 이영자 같은 사람을 만나야 한다. 그래야 네 삶에 행복이 가득 담긴다. 삶에 불감증인 사람을 만나면, 네 삶에는 불감, 불통, 불행이 싹튼다.

마지막으로 간곡하게 당부한다. 복부인 같은 사람, 인디언 무당 같은 사람, 이영자 같은 사람과 결혼해라. 배우자 선택에 있어 우선순위는 사회, 문화, 경제 감각이다. 그 기준을 통과한 후에, 다음으로 생물학적인 조건은 따지도록 해라. 괜히 어리석은 자들처럼 먼저 생물학적 조건을 따지고, 그 후에 사회, 문화, 경제 감각을 따지려고 하지 마라. 그렇게 찾아서는 조건에 맞은 사람을 찾을 수 없다. 오히려 이 아버지가 말한 대로 사람을 보기 시작하면, 생물학적 조건으로만 바라볼 때 보지 못했던 아름다움을 발견하게 될 것이다. 아버지는 그 모습이 바로 진정한 아름다움이라고 생각한다.

이 아버지는 천운이 있었다. 그냥 생물학적인 조건과 심리학적인 조건을 우선해서, 즉 내 눈에 아름답고 내 마음이 사랑해서 너희 엄마와 결혼했는데, 너희 엄마는 '복부인'이고, '인디언 무당'이고, '이영자'였다. 하지만 너도 나와 같은 천운이 있으리라는 보장은 없다. 아들아, 결혼은 네 인생 최대의 '경제적 계약'이다. 좋은 사람을 만나길 아버지는 진심으로 바란다.

마지막으로 인디언 켈트족의 기도문을 남겨둔다.

당신의 손에 언제나 할 일이 있기를, 당신의 지갑에 언제나 한두 개의 동전이 남아있기를, 당신의 발 앞에 언제나 길이 나타나기를 어머니 대지의 신에게 기도합니다.

사랑한다. 아들아.

딸아, 이런 사람과 결혼해라

한 사람의 자격은 밥에서 나온다. 밥을 벌고, 밥을 먹고, 밥에서 힘을 얻어야 자격을 갖춘다. 그러나 밥의 조건을 갖추기 힘든 세상이다. 오죽했으면 내가 존경하는 소설가 김훈이 〈밥〉이란 에세이의 첫 문장을 이렇게 썼을까 싶다.

아, 밥벌이의 지겨움! 우리는 다들 끌어안고 울고 싶다.
-김훈,《라면을 끓이며》, 문학동네, 2015년

그래서 경제 공부해야 한다. 그렇지 않아도 지겨운 밥벌이를 끌어안고 울고 싶은 지경에 이르게 해서는 안 되기 때문이다. 오십 년 넘게 살아보니 그래도 괜찮다 싶은 밥벌이는 대부분 경제 공부의 토대 위에서만 가능하다는 사실을 알았다. 그러니 어쩌겠니. 경제 공부할 수밖에 없다.

오늘은 '남자의 자격'에 대해서 말하려고 한다. 결론부터 말하면 자격은 밥벌이 잘하고, 밥 잘 먹고, 먹은 만큼 밥값 하는 일에 있다. 이 아버지는 젊은 시절에 남자의 자격이 그 하찮은 밥에서 나온다는 사실에 분노했다. 남자의 자격은 하찮은 물적 토대 위가 아니라고 생각했다. 고상한 정신적 토대 위에서 있으리라 생각했다. 그러나 지금 이 아버지의 생각은 밥 위에 '남자의 자격'이 있다고 확신하고 있다. 오늘날 금융 자본주의 사회에서는 '밥벌이 잘하는 사람, 밥 잘 먹는 사람, 밥값 잘하는 사람'이 되기 쉽지 않다.

지금부터 남자의 자격을 갖춘 사람의 특징을 찾아보고 그들에게서 배움을 얻고자 한다. 아버지에게 딸이 있었다면, 딸에게 이런 자격을 갖춘 남자와 결혼해야 한다고 말해주었을 것이다. 밥벌이 잘하고, 밥 잘 먹고, 밥값 잘하는 사람을 만나라고 말이다.

첫 번째, 밥벌이 잘하는 사람이다.

남자의 밥벌이는 역사적으로 크게 세 단계에 걸쳐서 변화해왔다. 1단계는 1만 년 이전의 수렵 시대이다. 남자의 밥벌이는 사냥이었다.

사냥을 잘하는 사람이 밥벌이를 잘하는 남자였다. 그때는 사냥에 필요한 '담력과 체력'이 자격 조건이었다. 2단계는 1만 년 이후 농경과 산업의 시대이다. 남자의 밥벌이는 노동과 전쟁이었다. 노동으로 소득을 만들거나, 전쟁으로 노획하는 것이 밥벌이였다. 노동의 기술과 싸움의 기술이 남자의 자격 조건이었다. 3단계는 21세기 금융과 디지털의 시대이다. 현재의 밥벌이는 '금융 지식과 디지털 감각'이다. 사냥을 잘하거나, 노동의 기술이 있거나, 싸움의 기술이 있던 시대가 '천지개벽'해서 딴 세상이 되었다.

갑자기 이렇게 남자의 조건이 바뀌어 버린 것이다. 남자는 수백만 년 동안 밥벌이를 주로 몸으로 해왔다. 그래서 남자의 유전자는 몸으로 하는 밥벌이에 천착되어 있다. 남자는 사냥하고, 노동하고, 전쟁하는 일에만 익숙한 인간이다. 그래서 오늘날에 와서 혼란을 겪고 있다. 세상은 도시 밀림과 디지털 정글로 변했는데, 남자의 몸과 마음은 백만 년 전 초원을 뛰어다니고 있기 때문이다.

그럼 21세기 금융과 디지털 세상에서 '남자의 조건'은 무엇일까? 이제는 몸이 아니다. 이제는 뇌의 시대이다. 바로 21세기 남자의 조건은 뇌가 섹시한 남자이다. 뇌가 아름다운 남자를 줄여서 '뇌섹남'이라고 한다. 그러면 21세기 사회에서 밥벌이 잘하는 남자의 조건은 무엇인가? 이전의 밥벌이 방법이 현대에 이르러 완전히 변해버렸다. 아직도 남자들은 몸을 통해 밥벌이를 잘할 수 있다고 생각하고 있다. 그러나 몸 쪽은 레드오션이고, 뇌 쪽이 블루오션이다. 여자 중에 시대가 변한 줄 모르고, 아직도 심하게 레드오션의 남자에게 끌린다고는 하는데, 실속 없는 본능이다.

만약에 내게 딸이 있다면 말하겠다. "내 딸아! 뇌가 아름다운 남자를 만나라. 몸이 아름다운 남자는 레드오션이다. 괜히 경쟁률만 높지 실속은 없다."

너희는 뇌가 아름다운 남자가 되어야 한다. 그러기 위해서 제일 중요한 건 배움이다. 너의 뇌가 바쁘게 움직이도록 머리로 배우고 몸으로 익혀야 한다. 뇌의 활동량이 곧 너의 경쟁력이다.

뇌가 아름다운 남자의 표상으로, 네가 보고 배울 대상을 두 사람 꼽는다. 단국대학교 의과대학 기생충학과 서민 교수와 미국 출신 방송인 타일러 라쉬다. 두 사람을 특별히 꼽는 이유는 뇌의 아름다움이 몸의 아름다움을 하찮게 만들 수 있다는 걸 대표적으로 보여주기 때문이다. 서민 교수의 《서민적 글쓰기》와 타일러 라쉬의 유언장을 읽으면 뇌가 아름다운 남자라고 말한 이유를 알 수 있다.

서민 교수는 기생충이라는 더럽고 피하고 싶은 말을 생물 의학의 양지 위에 올렸다. 더럽고 불결하다는 인식을 가진 생물을 우주의 신비를 간직한 생명체로 끌어올린 것은 순전히 뇌의 힘 덕이다. "나에게 왜 공부하고 쓰냐고 묻는다면 주저 없이 말할 수 있다. 너무 못생겨서라고."

키 작고 눈 작은 아이였던 서민 교수의 고백이다. 주변에서 너는 못생겼으니까 공부라도 열심히 하라고 말했다고 한다. 그런 서러움을 극복하고 치열하게 공부한 서민 교수는 뇌가 아름다운 사람이 되었다.

아들아, 너는 이 아버지와 다르게 몸이 네 엄마를 닮아, 키도 되고, 인물도 되는데, 왜 뇌를 아름답게 하는 공부를 게을리하는지 답답할 때가 있다. 네 몸에 뇌의 아름다움이 더해지면, 아름다움 그 자체가 될 것인데 말이다.

두 번째, 밥 잘 먹는 사람이다.

누구나 밥을 잘 먹지 못한다. 밥을 잘 먹을 수 있는 사람은 따로 있다. 그것은 하루에 써야 할 몸의 에너지를 그날에 다 쏟아낸 사람만의 특권이다. 그 하루에 자기의 인생을 다 쏟아내는 사람이 바로 '밥 잘 먹는 남자'이다. 밥은 비워져야, 채울 수 있다. 하루하루가 인생의 마지막 날인 것처럼 산다면, 너는 밥을 잘 먹는 사람이 될 수 있다. 스티브 잡스는 매일 아침 거울을 보면서, 자기 자신에게 질문을 던졌다.

오늘이 내 인생 마지막 날이라면 오늘 하려는 일을 하고 싶을 것인가?

이렇게 치열하게 살아가는 사람이 바로 밥 잘 먹는 남자이다.

세 번째, 밥값 하는 사람이다.

이기심이라는 아집에서 벗어나, 다른 사람을 배려할 줄 아는 사람이다. 밥값은 품위 유지 비용이라고 보면 된다. 밥값은 시간이고, 돈이고, 마음일 수 있다. 다른 사람을 배려한다는 것이 그 밥값을 남발하는 것만을 말하지 않는다. 아들아, 밥값을 낼 때 내더라도 한 가지 원칙이 있다. 밥값을 낼 때 기술이 필요하다. 시도 때도 없이 밥값을 내다가는 몸도, 마음도, 시간도 다 쓰러진다. 내가 쓰러지면 모든 것이 쓰러진다. 현명한 조절이 필요하다. 자기의 몸과 마음과 시간 내에서 효율적으로 밥값을 내야 한다. 그래야 밥값을 오랫동안 낼 수 있다. 열 번 밥을 사주다 한 번 안 사주면 섭섭한 것이 사람의 마음이다. 너만의 리듬을 만들고, 그 리듬으로 오래가는 것이 중요하다. 오래가는 사람이 멋진 사람이다. 이런 겉보기와 다른 반전이 있는 사람이 되어야 한다.

아들아, 이 아버지는 네가 밥벌이 잘하고, 밥 잘 먹고, 밥값 하는 사람이 되기를 바란다. 밥값 하는 사람이 어떤 모습인지, 그 표상을 그려주고 싶어서 이 글을 썼다. 이 아버지는 열심히 살기는 했다. 하지만 너의 표상이 되기는 부족하다. 너에게 절망의 어둠 속에서 길을 보여주는 존재로, 사람보다는 별을 보여주고 싶다. 저 밤하늘에 떠 있는 북극성처럼, 한 곳에서 그대로 빛이 되어 길잡이가 되는 사람이 되길 바란다.

복과 지혜, 맛의 감각을 갖춘 사람을 만나기 위해서는 네가 먼저 밥벌이 잘하고, 밥 잘 먹고, 밥값 하는 사람이 되어야 한다. 아들아, 너는 모르겠지만, 1990년대 초 가수 변진섭이 부른 '희망 사항'이라는 노래가 있었다. 아버지는 노래의 가사 말이 좋았다.

"청바지가 잘 어울리는 여자. 밥을 먹어도 배 안 나오는 여자 (…)난 그런 여자가 좋더라."라고 변진섭의 노래가 끝나면, "희망 사항이 정말 거창하군요. 그런 여자에게 잘 어울리는 난 그런 남자가 좋더라."라고, 노영심이 내레이션으로 딴지를 건다.

아들아, 이 노랫말처럼 밥벌이 잘하고, 밥 잘 먹고, 밥값 하는 사람이 되어서 복 있고, 지혜 있고, 맛을 아는 사람에게 어울리는 사람이 되기를 바란다. 그래서 행복한 가정을 이루길 바란다. 이것이 이 아버지의 간절한 '희망 사항'이다.

사랑한다. 아들아.

부자 가문

너는 어제 뜬금없이 질문했다.

"왜 우리 집안은 부자 가문이 되지 못했죠?"

너의 질문을 받고, 우리 집안 부의 운명이 무엇에 의해 결정된 것인지 이 아버지도 궁금했다. 이건희 회장 별세로, 신문에서 삼성 가문 이야기가 회자하고 있다. '이건희 공들인 카, 시, 오 (카메라, 시계, 오디오) 좌절… 초일류 삼성의 초석이 됐다'라는 〈중앙일보〉 기사를 읽었다. 초일류 기업 삼성의 역사를 이씨 가문의 발자취로 더듬는 기사를 보고 아버지는 우리 집안의 역사를 적어 보기로 마음먹었다. 너에게 경제 공부해야 한다고 말하려면, 최소한 우리 집안의 경제 역사는 정리해야 한다는 생각이다. 삼성가와 같이 나라에 영향을 미치는 부자는 아닐지라도, 너와 나의 개인 역사에 지대한 영향을 미치고 있는 집안의 기록이기 때문이다. 그런 의미에서 우리 집안의 내력을 아는 건 너에게도 중요하다.

그래서 우리 집안의 100년 역사를 되짚어 보았다. 아버지, 할아버지, 증조할아버지까지 거슬러 올라가 살펴보았다. 너희가 2000년대, 아버지는 1960년대, 할아버지는 1940년대, 증조할아버지는 1910년대에 태어났다. 지금부터 증조할아버지부터, 아버지에까지 이르는 '못다 이룬 부자 가문의 꿈'을 적는다.

우리 집 삼대가 살았던 20세기는 인류 역사에서 가장 큰 변혁이 일어났던 시대이다. 특히 대한민국 역사상 부의 이동이 가장 활발한 시기였다. 현재 대한민국 부자들은 20세기 부의 이동 황금기가 준 기회를 그대로 잡아낸 사람들이다. 세계적으로도 부의 흐름은 20세기에 가장 크게 출렁였다. 그런 황금기인 20세기의 100년을 그대로 살았던 우리 삼대는 왜 부자가 되지 못했을까? 똑같은 시간, 똑같은 조건, 똑같은 기회로 부의 지도가 급변하는 시대를 살았는데 말이다.

부의 기회를 10년 단위로 잘라서 보면, 시작점이 다르다는 이유로 불공평하다고 말할 수 있다. 하지만 100년이라는 긴 시간의 관점으로 보면, 부의 시작점은 비슷하다. 우리 집안 삼대와 현대가 삼대의 시작점은 똑 닮았다. 삼대에 걸친 100년의 역사에서는 주어진 조건과 기회가 공평했다. 현대가를 이룩한 故 정주영 회장도 시작은 인천 부둣가 막노동이었다. 극히 초라한 수준이었다. 롯데가를 이룩한 故 신격호 회장도 마찬가지였다. 지금 가치로 20만 원 남짓을 들고 혈혈단신으로 현해탄을 건너간 것이 시작이었다.

신은 세 번의 기회를 준다고 한다. 우리 집안도 100년 동안 세 번의 기회가 있었다. 우리 집안은 그 기회를 다 놓쳐서 부자 가문이 되지 못했다. 100년의 실패 기록을 적어둔다. 실패를 적어두는 이유는 명확하다. 네가 배움을 얻기 바라는 마음이다. 그 배움을 기반으로 우리 삼대가 이루지 못한 부자 가문의 꿈을 너희 후대에서 이루기 바란다.

다시 한번 인지해야 할 사실은 부의 이동은 사회적 격변기에 일어난다는 거다. 부자 가문은 역사의 격변기 속에서 부를 이룩했던 사람들이다. 20세기 우리나라 최대의 격변은 1950년 전후에 일어났다. 이후 1970년, 1990년에도 있었지만, 부의 이동 황금기는 1950년대였다. 바로 그 격변기에 어떤 동력이 작동해서 부의 이동 기회를 잡았는지 살펴보는 것이 중요하다.

격변기에 부자가 되는 가문은 세 가지 조건을 갖추고 있었다. 부의 이동 시간, 부의 이동 장소, 부의 이동 능력이다. 우리나라 최고의 부를 이룬 현대 창업자 故 정주영 회장을 예를 들어 설명하겠다.

첫 번째, 부의 이동 시간이다. 부의 이동이 이루어지는 때에 태어나고 태어나지 않는 건 사람이 어찌할 수 없는 영역이다. 그건 운명이다. 정주영 회장은 1915년생으로, 1950년에 서른다섯 살 청년이었다. 1950년대 부의 이동 시간에 그분은 있었다. 그분은 부의 시간을 타고났다.

두 번째, 부의 이동 장소이다. 정주영 회장은 강원도 통천군 송전리 아산마을이라는 깡촌에서 태어났다. 송전소학교를 나오고 부모님의 농사를 돕고 있었다. 만약에 그때 계속 농사를 지었다면, 지금의 현대 가문은 없었다. 그분은 어린 나이에 깡촌에서, 기회의 땅인 대도시로 야반도주했다. 그렇게 정주영 회장은 1950년대부터 부의 이동 장소에 있었다. 그 당시는 농업 경제에서 산업 경제로 급격하게 이동하면서, 돈은 농촌이 아니라 도시에 있었다. 부는 대부분 도시 생활을 기반으로 일어나지만, 특히 1950년부터 큰 부자는 대개 수도인 서울에서 나타났다. 그때 정주영 회장은 부의 이동 장소인 서울에 있었다.

세 번째, 부의 이동 능력이다. 정주영 회장은 부의 이동 시간인

1950년대에, 부의 이동 장소인 도시에서, 도전과 실패를 통해 부의 이동 능력을 몸으로 체득했다. 한마디로 부자의 경험이 몸에 쌓인 것이다. "임자 해 봤어?" 그분의 단골 말씀이다. 대학 나오고 머리로만 일하는 사람들에게 그분의 말씀은 영혼을 꿰뚫은 일침이었다. 젊은 시절, 도시의 구석진 곳에서 흘린 땀과 눈물이 버무려진 언어이기 때문이다. 그분은 인천 부둣가 막노동을 시작으로 서울의 엿 공장 등 산업 속 잡일을 다 해보셨다고 한다. 그분은 그렇게 부의 근력이 몸에 붙었다. 다른 사람은 그분의 경부고속도로 건설, 조선소 건설 등의 걸쭉한 성공담을 이야기하는데, 아버지는 그분의 성공을 도시의 온갖 잡일에서 얻은 근육으로 말하고 싶다.

"임자 해 봤어?"

세상의 모든 일은 해보지 않고 그 일의 원리를 알 수가 없다. 사실은 모든 일은 막상 해보면 못할 것도 없다. 누구나 할 수 있는 기본 자질은 타고난다. 아버지가 오십이 넘어 이제야 비로소 깨달은 사실이다. 정주영 회장은 젊은 시절부터 평생에 걸쳐 그런 마음으로 살아오신 분이다. 그가 가진 부의 이동 능력은 바로 '임자 해 봤어?'라는, 경험을 바탕으로 한 실사구시實事求是 정신에 있다.

지금부터는 우리 집안의 부의 실패 원인을 말한다. 부의 이동 황금기인 1950년대 너희 증조할아버지를 모습을 짚어보자.

첫 번째, 부의 이동 시간의 관점이다. 너희 증조할아버지는 1915년
에 태어났다. 1950년대 30대의 나이로 부의 이동 시간에 계셨다. 부
의 시간에서 운을 타고 태어났다.

두 번째, 부의 이동 장소의 관점이다. 증조할아버지는 전라북도 김
제시 죽산면 홍산리 내촌에서 태어나셨다. 조정래의 대하소설 《아리
랑》의 배경이 바로 이 마을이다. 일제강점기 군산항으로 양곡 수탈을
당한 대표적인 김제평야의 곡창지대다. 증조할아버지는 그곳에서 농
사를 지었다. 다른 고장은 보리밥도 제대로 못 먹을 때에도 쌀밥을 먹
는 곡창지대였으니, 먹고사는 데 지장이 없는 농촌 생활이었다. 그래
서 증조할아버지는 농사에 만족했고, 부의 이동 시간이라는 행운을 얻
었지만, 부의 이동 장소로 이동하지 않았다. 농촌에서 농업에 종사하
셨다. 1950년부터는 부는 농사에서 나오는 것이 아니었다. 농촌은 배
고픔을 면하는 정도의 생활을 하는 장소였다. 결국 증조할아버지는 부
의 이동 장소인 도시에 없었고, 이것이 우리 집안의 부의 가문으로 가
지 못한 첫 번째 이유다. 증조할아버지는 부의 황금기에 농촌에서 농
사를 지었다.

세 번째, 부의 이동 능력 관점이다. 만약에 증조할아버지가 부의 이
동 장소인 도시로 나갔다면 부를 얻을 수 있었을까? 그것은 아닌 거

같다. 아버지는 어린 시절을 증조할아버지 품에서 자랐다. 옆에서 지켜본 바에 의하면 증조할아버지는 그렇게 도전적인 분은 아니었다. 특히 부의 능력을 저해하는 결정적 장애 요인으로 술을 너무 좋아하셨다. 증조할아버지는 새벽에 논에 나가실 때 외에는 늘 술에 취해 있었다. 아버지는 어릴 적 가장 싫은 심부름이 건넛마을에 있는 양조장에 주전자 들고 막걸리 받아오는 것이었다. 술은 단순한 술이 아니다. 술의 무절제, 술의 게으름, 술의 향락이 따라붙어서 부와 절대 친구가 될 수 없기 때문이다. 우리 가문이 부를 얻지 못한 두 번째 이유는 '술'이다. 아버지는 3년 전 술을 끊었다. 증조할아버지와 할아버지의 술 취한 모습이 싫었기 때문이다. 결국 증조할아버지는 부의 이동 시간에는 있었지만, 부의 이동 장소에 있지 못했고, 부의 이동 능력이 부족해서, 우리 가문은 기회를 놓쳤다. 증조할아버지는 1970년에 뒤늦게 논과 밭을 모두 팔고, 서울로 올라오셨다. 논과 밭을 다 판 돈으로, 겨우 미아리에 있는 주택 한 채를 사셨다. 그때는 이미 노쇠하셨기에, 상경한 이후에는 기회를 잡지 못했다. 초라한 노인으로 사시다가 1978년에 고혈압으로 쓰러져 돌아가셨다. 쓰러지기 전까지 증조할아버지는 거의 매일 술은 드셨다. 마지막까지 그분의 모습이었다.

다음은 할아버지에 관해 말하겠다. 할아버지가 서울에서 올라오신 것은 1970년 초였다. 그때는 도시 개발 붐이 일어났고, 땅을 통해서 도시에서 부자가 될 수 있었다. 그때가 우리 현대사에서 두 번째 부의 이동 시간이었다. 그때 할아버지가 땅을 보는 눈이 있었다면, 우리 집 안은 '부자 가문'이 될 수도 있었다. 우리가 알고 있는 기업 중 대부분은 땅을 기반으로 부를 획득했다. 많은 기업이 사업을 해서 돈을 벌었다고 하는데, 그 속내를 들여다보면 아니다. 기업이 부지 개발을 위해 사둔 땅이 천정부지로 올라서 돈을 번 경우가 상당하고, 부지 개발이라는 미명하에 공공연하게 땅 투자를 해서, 사실은 땅값으로 부자가 된 부자 가문이 많다. 산업화 시대에도 큰돈은 땅에서 나왔다. 흔히 맥도날드를 프랜차이즈 회사로 알고 있는데, 사실은 부동산업이다. 맥도날드 매장을 만들기 위한 입지로 땅을 사고, 그 땅값이 올라서 실질적인 돈을 번다. 우리 집안이 부자 가문이 되지 못한 세 번째 이유다. 너희 할아버지는 땅이 돈이 되는 경제 원리를 알지 못했다.

다음 차례는 아버지다. 아버지의 시대는 인터넷이 돈이 되는 시대였다. 다음, 넥슨, 네이버 등 인터넷 플랫폼 기업이 2000년대 초 벤처 창업으로 부자가 되었다. 아버지는 그런 시대적인 기류에 참여하지 못했다. 새로운 시대를 준비하는 능력이 아버지도 부족했다.

우리 집안이 부를 이루지 못한 원인은 크게 네 가지이다. 첫째는 증조할아버지의 농촌 정착이다. 둘째는 돈보다 술과 너무 친했기 때문이다. 셋째는 부동산과 부를 연결시키지 못했기 때문이다. 넷째는 시대적의 변화에 주목하지 않았기 때문이다.

이 네 가지 실패 원인을 참고해서 21세기를 살아갈 너희 가문에서는 반면교사로 삼아야 한다. '너와 너희 후손은 어떻게 부를 이룰 수 있을까?' 아버지는 이 문제를 고민했다. 그래서 너희 가문의 시작이 될 네가 해야 할 일을 남겨둔다. 21세기의 부의 이동 세 가지 조건을 잘 보고, 대비해야 한다.

첫째, 21세기 부의 이동 시간이다.

아버지는 코로나19 이후 10년에 주목하고 있다. 부의 이동은 역사적 격변 이후에 발생한다. 우리나라도 1945년 광복을 시작으로 1950년 6·25전쟁이라는 격변을 겪은 이후 부의 이동이 나타났다. 그래서 지금의 바이러스와 디지털에 의해서 벌어진 전쟁 같은 격변 이후 10년 동안 부의 이동이 대대적으로 일어날 것으로 본다. 이 기회를 놓치지 마라.

둘째, 21세기 부의 이동 장소이다.

물리적으로 도시라는 것은 변함이 없지만, 이제는 아날로그 세상보다 디지털 세상이 부의 이동 장소이다. 아날로그 세상에 취해서 머무르지 말고 스스로 디지털 개척민이라고 생각해야 한다. 미국의 서부 개척 시대에는 먼저 도착해서 깃발을 꽂으면, 그 사람이 땅의 임자가되었다. 디지털 세상도 먼저 가서 깃발이라도 꽂아라. 그러면 너의 땅이 된다. 이미 디지털 땅을 사람들이 다 선점했다고 하는 것은 모르는 사람이 하는 소리다. 아직도 디지털의 땅속에 금이 있고, 원유가 들어 있다. 깃발을 들고 디지털 세상으로 달려가거라.

셋째, 21세기 부의 이동 능력이다.

바이러스도 눈에 보이지 않고, 디지털도 눈에 보이지 않고, 미래도 눈에 보이지 않는 세상이다. 눈에 보이지 않는 세상을 바라보는 능력, 그것을 사고력이라고 한다. 21세기에는 사고력이 부의 이동 능력이다. 몸으로 익힌 온갖 물적 토대 위에 생각의 건축물을 세워내는 것이 사고력이다. 그것이 부의 이동 능력이다. 경제라는 이론적 토대 위에 사고력의 집을 세워야 한다.

세 가지의 부의 이동 능력을 갖추고 부자 정씨 일가를 이루길 바란다. 아들아, 마지막으로 주의해야 할 사항을 알려준다. "무릇 있는 자는 받아 풍족하게 되고 없는 자는 그 있는 것까지 빼앗기리라." 마태복음 25장 29절의 말씀이다. 21세기는 빈부 편차의 골이 점점 깊어질 것이다. 없는 집안은 그 없는 것마저도 빼앗기는 세상이 될 수 있다. 무릇 너는 있는 자의 반열에 진입해야 한다.

근대 이전은 혈통이 가문을 만드는 기준이었다. 20세기는 돈이 가문을 만드는 기준이 되었다. 큰 부자들이 ○○家로 불리고, 사람들은 그 가문의 계보를 살폈다. 그래도 20세기까지는 큰 부자뿐 아니라 작은 부자 가문도 나올 수 있었다. 무일푼에서 부자가 되거나, 평범한 샐러리맨이 부자가 되는 일도 적지 않았다. 그러나 21세기는 작은 부자가 나오기 점점 어려운 환경이 되고 있다. 아버지는 부의 사다리가 끊긴 세상이 될까 봐 걱정이다. 세상은 점점 돈 중심으로 흘러가 명예가 드높아도 돈이 없다면 가문을 이루기 어려운데, 그 와중에 계층 이동의 사다리가 끊겨 평범한 사람이 부자가 되기는 어려운 세상이 되었다. 너는 빨리 가난의 굴레에서 벗어나 부자 가문을 이루어야 한다.

미안하다. 아들아.
그리고 사랑한다. 아들아.

세상은 공평하지 않다

오늘은 두 편의 연설문과 한 편의 글로 인심人心에 대해서 말하고 싶다. 인심은 한자의 뜻 그대로 '사람의 마음'을 말한다. 그런데, 한 가지 뜻이 더 포함된다. 남의 딱한 처지를 헤아려 알아주고 도와주는 마음이라는 의미가 보태어졌다. 사람의 마음에 '남의 딱한 처지를 헤아려 알아주는 마음'이 있어야 한다는 것이다.

두 편의 글은 세계 경제를 이끌었던 두 분의 연설을 가감 없이 옮겨 적은 내용이다. 두 분은 세계 전자 산업을 이끌고 있는 두 거인이다. 한 분은 삼성전자의 이건희 회장이고, 한 분은 마이크로소프트의 빌 게이츠 회장이다. 한 분은 반도체와 핸드폰이라는 하드웨어 분야의

거인이고, 한 분은 윈도우라는 소프트웨어 분야의 거인이다. 2019년
세계 부자 순위 100위 안에 든 분들이다. 2019년 세계 부자 순위에서
빌 게이츠 회장은 2위로 재산이 한화로 126조 원이고, 이건희 회장은
61위로 재산이 24조 원이다. 세계 전자 산업의 큰 별들이다.

먼저 빌 게이츠 회장의 연설문을 그대로 적는다.

인생이란 결코 공평하지 않다.

그런 현실에 대해 불평할 생각 말고 받아들여라.

세상은 여러분이 어떻게 생각하든 상관하지 않으며, 여러분이 스
스로에게 만족을 느끼기 전에 무엇인가를 성취하여 보여줄 것을 기대
한다.

햄버거 가게에서 일하는 것을 수치스럽게 생각하지 마라.

우리의 할아버지들은 그 일을 기회라고 생각했다.

만약에 여러분이 인생을 망치면 그것은 부모 탓이 아니라, 여러분
잘못이다.

잘못을 불평하지 말고 그것으로부터 배워라.

인생이 불공평한 것에 빨리 익숙하게 되기를 바란다.

빌 게이츠 회장이 마운틴 위트니 고등학교에서 한 연설이다. 연설
그 자체로 이미 충분하니 더 이상 사족을 붙이지 않겠다.

다음은 최근 영면한 삼성 이건희 회장의 말씀이다.

마누라와 자식 빼고 다 바꿔봐라.

1993년 6월 7일, 독일 프랑크푸르트에서 열린 삼성그룹 비상경영 회의에서 한 연설이다. 그는 1987년 회장에 취임하고 나니 막막하기만 했다고 한다. 삼성 내부는 긴장감이 없고, 자기들이 제일이라는 착각에서 벗어나지 못하고 있었다고 한다. 이대로 가다가는 사업 한두 개를 잃는 것이 아니라 삼성 전체가 사그라질 것 같은 절박한 심정이었다고 한다. 이런 절박한 심정에서 프랑크푸르트 연설이 나왔다.

가족, 기업, 국가가 변화하기 위해서는 자신이 먼저 변해야 한다. 이 당연한 논리를 그분은 누구보다 잘 알고 계셨다. 자신이 변해야 가족이 변하고, 기업이 변하고, 나라가 변하고, 세상이 변하는 것이다. 결국 변화를 만드는 것은 자신 안에서 출발하는 것이다.

마지막 글은 지난주에 아버지가 '라면 형제의 사망' 기사를 보고 쓴 글이다. 2020년 10월 신문은 일제히 인천 화재 어린이 사망 소식을 보도했다. 부모가 자리를 비운 사이 발생한 화재로 크게 다친 8세 동생이 사고 한 달여 만에 사망한 것이다. 아버지는 신문 기사를 보고 분노했다.

여덟 살 어린아이의 죽음도 '사망'이구나.

3년 전 아버지가 돌아가셨을 때 의사는 말했다.

"2017년 7월 26일 오전 8시 23분 사망하셨습니다. 장례식장으로 가실 때 1층 원무과에서 사망진단서 받아 가세요."

사망, 사망진단서라는 서류 위에 적혀있던 단어가 '나의 아버지'에게도 쓰인 것을 보고도 나는 아버지와 사망을 연결시키지 못했다.

"B군이 이날 오후 3시 45분쯤 사망했다."

오늘은 이 기사를 보고도 여덟 살의 어린아이와 사망이라는 단어도 연결시키지 못했다.

나는 이 사회의 가난이 부끄럽다.

나는 이 사회에서 어린애의 사망에 절망한다.

나는 사회의 가난에 의한 어린애의 사망에 분노한다.

'어린아이'와 사망, 그리고 가난이 한 줄로 쓰이는 세상이, 가을 속에서 찬란하게 빛나고 있다.

마지막 글은 아버지가 쓴 글이니 독설을 보태겠다. 글 속에서 아버지는 인심이 있는 사람인 척했다. 부끄럽다, 절망한다, 분노한다고 적었다. 그러나 그렇게 적어서 외쳐본들 무슨 소용이 있을까? 티끌만 한 변화도 없을 것이다. 왜냐하면 아버지의 말은 힘이 없고 공허하기 때문이다. 부끄럽고, 절망하고, 분노해야 할 것은 이 사회가 아니라, 변화시킬 힘을 가지지 못한 '아버지' 자신이다. 나 자신에 대해서 부끄러워하고, 절망하고, 분노했어야 했다. 이런 현실을 인식하지 못한 것을 부끄러워해야 한다.

너는 두 편의 연설문과 한 편의 잡문을 읽고 '인심'이 무엇이라고 생각하느냐? 오늘은 너에게 아버지의 생각을 강요하지 않겠다. 그래서 세 편의 글을 통해서 네가 느꼈으면 하는 마음을 애써 결론을 내서 적지 않겠다.

다만, 마지막으로 세 개의 문장을 남겨둔다. 세 문장을 오늘 하루라도 마음에 담아두고 곱씹어 보길 바란다.

세상은 공평하지 않다.
가족 빼고 다 바꿔야 1등을 할 수 있다.
B군은 이날 오후 3시 45분쯤 사망했다.

이 세 문장을 꼭 되새김하길 바란다. 세상은 절대 공평하지 않다. 공평이라는 단어는 국어사전에나 나오는 단어이고, 세상에서는 사어死語이다. 네가 공평, 공정, 평등을 외쳐도 소용없다. 내가 변화해서 '힘'을 가지지 못하면 불평, 불만, 하소연에 불과하다. 그렇게 아버지는 말하고 싶지만, 하지 않겠다. 다만 이 사실 하나는 꼭 마음에 새겨 두기를 바란다. 네가 세상을 변화시키지 못할지라도 최소한 너 자신은 변화시킬 수 있다는 사실이다. 아버지는 너를 믿는다. 너는 이 아버지의 자부심이다.

사랑한다. 아들아.

결심 말고 세 가지를 바꿔라

어제는 아침 7시 반 약속으로 새벽부터 온종일 정신없이 바빴다. 아버지는 퇴직한 임원들의 모임에 처음으로 참석했다. 그 자리엔 나보다 먼저 퇴직한 선배들이 있었다. 아버지는 그곳에서 뵙고 싶었던 한 선배도 4년 만에 만날 수 있었다. 그분은 2007년도 과장이었던 아버지를 차장부장급의 자리인 팀장으로 임명해 주셨던 분이고, 또 2014년 부장이었던 아버지를 상무이사 자리에 발탁해 승진 시켜 주셨던 분이다. 한 번도 아니고 두 번씩이나 그것도 연속으로 조기 발탁해 주신 것이다.

사람은 자기를 알아주는 사람을 위해서 목숨을 바친다는 말이 있다. '지음知音'이라고 한다. 지음의 뜻은 소리를 알아듣는다는 뜻으로, 자기의 속마음을 알아주는 사람을 이른다. 백아절현伯牙絕絃이라는 사자성어에서 유래되었다. 백아절현은 백아가 거문고의 줄을 끊는다는 뜻이다. 중국 춘추 시대 백아라는 사람이 자신의 거문고 소리를 알아주는 종자기라는 친구가 죽자, 자기의 소리를 알아듣는 사람이 사라졌다고 슬퍼하며 거문고의 현을 잘랐다고 한다. 그래서 지음은 자기의 능력을 알아주는 귀한 사람을 말한다.

식사하시면서 그분이 아버지가 기러기 아빠일 때 모습이 선명하다며, 당시 이야기를 꺼내셨다.

"2005년인가? 자네가 기러기 아빠일 때, 매일 새벽부터 아침 수영을 하고 출근하는 모습을 자주 보았다. 운동으로 몸의 열이 다 가시지 않아서, 얼굴에 땀방울이 송송 맺힌 모습이었다. 참 자기 관리가 철저한 친구이구나 생각했다."

16년 전, 네 엄마가 코흘리개였던 너희 둘을 데리고 고모가 있는 캐나다에 갔던 그때다. 아버지는 혼자 지내는 그때, 흐트러지지 않기 위해서 새벽 운동으로 일과를 시작해서, 낮에는 일하고, 저녁은 독서로 마감하는 치열한 삶을 살았다. 그분은 아버지도 다 잊어버린 그때의 아버지 모습을 기억하고 계셨다. 아버지도 다 잊어버린 그 치열했던 시간을 그분이 기억해 준 그 순간에 아버지는 다시 그때처럼, 치열하게 살고 싶다는 의욕이 솟아났다.

그분을 만난 후에 아버지는 퇴직 이후의 삶을 다시 설계했다. 이제 겨우 25년의 직장생활을 끝냈을 뿐이다. 뭐 대단한 벼슬을 한 것처럼 휴식 운운하고, 인생 다 산 뒷방 늙은이처럼 굴어야 할 나이가 아니다. 아버지는 당장 오늘부터 변화하려고 한다. 아버지가 변하려는 모습을 지켜 보아주길 바란다. 아버지가 제대로 살아가는 모습을 너희에게 보여주는 것. 그것이 바로 참교육이라는 생각이다. 경제 공부하라고, 열 번 말하는 것보다, 경제적 토대의 삶을 살아가는 모습을 한 번 보여주는 것이 바로 참 경제 공부일 것이다.

일본 경제학자 오마에 겐이치는 《난문쾌답》에서 사람을 바꾸는 방법을 이야기했다. 그에 따르면 인간을 바꾸는 방법은 세 가지뿐이다. 시간을 달리 쓰는 것, 사는 곳을 바꾸는 것, 새로운 사람을 사귀는 것, 이것이 아니면 인간은 바뀌지 않는다. 새로운 결심을 하는 건 가장 무의미한 행위다. 아버지는 이제부터 나라는 사람을 바꾸는 방법, 이 세 가지를 쓰기로 했다.

첫째, 시간을 달리 쓰는 것이다.
아버지는 이제부터 직장의 시간에 맞추었던 생활방식을 나만의 시간으로 바꾸려고 한다. 아버지의 하루 시간 계획이다. 아버지는 새벽 5시에 깨어, 깨는 즉시 침대에서 벗어나서 양치질한다. 양치하면서 그날의 해야 할 일을 계획한다. 그리고 바로 책상 앞에 앉아서, 김훈의

《라면을 끓이며》를 반 페이지 필사한다. 20분 정도 필사하면, 글 쓰는 감각이 살아나고, 그러면 바로 글을 쓰기 시작한다. 전날 전체적인 윤곽을 적어둔 글을 이어서 쓰는 것이다. 윤곽을 적어두는 이유는 아버지의 꿈속에서 마저 그 글을 생각하도록 하기 위해서다. 이렇게 시간을 달리 쓰면서 아버지의 하루를 바꿀 것이다.

둘째, 사는 곳을 바꾸는 것이다.

아버지는 회사에서 퇴직 임원들을 위해 마련해 준 공용 사무실에 가기로 했다. 집이라는 공간에서 매일 혼자 지내는 것보다는 생활공간을 바꿔 삶의 변화를 유도할 생각이다. 9시 전 집을 나서 사무실에서 새로 시작하는 프로젝트 연구 과제를 정리한다. 그리고 하루의 연구 과제 분량을 모두 마무리한 뒤 오후 5시에 사무실을 나선다.

셋째, 새로운 사람을 사귀는 것이다.

아버지는 요즘 새로운 사람을 사귀고 있다. 오프라인 모임보다는 온라인으로 카페에 글을 올리고 소통하면서 새로운 사람을 만난다. 만약에 팬데믹 세상이 아니었다면 아버지는 산티아고 순례길을 걸으면서 길 위에 있었을 것이다. 아마 그 산티아고의 길 위에서 순례 여행기를 쓰면서, 길 위에서 세계의 여러 나라 사람도 사귀고 있었을 것이다. 그러나 지금처럼 '아들아' 시리즈를 써서 네이버 카페라는 온라인의 길 위에서 사람을 사귀는 것 또한 좋은 경험이다. 아버지는 온라인으로 만나는 그분들과 글로 소통하면서 새로운 경험을 하는 것도 새로운 사람을 만나는 방법의 하나다. 그분들이 달아주는 댓글 속에서 새로운 사람을 사귀는 경험이 참 소중하다. 아버지는 이렇게 오프라인에서 만날 수 없는 새로운 사람을 매일 만나고 있다. 새로운 사람을 사귀는 거로 아버지의 삶을 변화시킬 것이다.

너도 너를 변화시키는 세 가지 방법을 찾아야 한다. 시간을 달리 쓰는 것, 사는 곳을 바꾸는 것, 새로운 사람을 사귀는 것. 이 세 가지 방법을 실천하기 바란다. 너도 아버지와 같이 어제보다 나은 오늘, 오늘보다 나은 내일을 만들어 나가기 바란다. 아버지는 지금, 이 순간 그런 마음으로 글을 쓰고 있다.

사랑한다. 아들아.

남들이 가지 않은 길을 가라

아버지의 스마트폰에 너는 '빅 마이 썬big my son', 너의 동생은 '마이 썬my son', 그리고 할머니는 '마이 맘my mam'으로 저장되어 있다. 너희 엄마는 '사랑'이라고 저장했다. 너와 동생, 그리고 할머니는 아버지와 같은 피를 공유하는 존재라는 뜻으로 나의 아들, 나의 엄마라는 영어를 적은 것이다. 그리고 너희 엄마는 아버지와 마음을 공유하는 존재라는 의미로 '마이 러브my love'라고 하려다가 그냥 한글로 '사랑'이라고 적었다. 너희 엄마가 아버지 몰래 스마트폰을 훔쳐보다가 기쁜 마음을 가지도록 하고 싶었다. 아버지의 의도대로 너희 엄마가 엄청나게 좋아했다. 너희 엄마를 '사랑'이라고 저장한 건 이 아버지의 현명한 선택이었다.

이렇게 사람들은 스마트폰에 별칭을 적는 단순한 일도 '선택'이라는 걸 한다. 우리 삶은 선택의 연속이다. 매일 매일의 선택이라는 점들이 이어진 선이 우리 삶이라고 볼 수 있다. X축이 시간의 값이라면, Y축이 선택의 값이다. 삶의 모든 순간은 X축의 시간 값과 Y축의 선택 값이 함수로 만난 점이다. 우리 삶은 과거에서 와서 현재에 이르고 미래로 쭉 가는 선택의 선이다. 결국 우리가 매일 하는 선택이 바로 우리의 삶이다. 그래서 우리가 매일 결정하는 선택이 우리 운명을 결정한다. 이것이 현명한 선택을 해야 하는 이유이다.

며칠 전, 너는 아버지에게 이런 고민을 물었다.
"아버지, 전문하사에 지원할까요?"

너는 내년 2월에 만기 제대한다. 너는 대학을 2학년 1학기까지 마치고 입대했기 때문에 내년 9월에 복학할 수 있다. 그러니 내년 2월부터 9월까지 7개월 정도의 시간 여유가 생긴다. 너는 그 기간을 어떻게 보낼 것인지 고민하면서 아버지라면 어떤 선택을 할지 물었다. 선택지는 세 가지다. 첫째는 7개월 동안 아르바이트를 해서 돈을 번다. 둘째는 7개월 동안 책 읽기와 부족한 대학 공부를 보충한다. 셋째는 군대에 그대로 남아 급여를 받으며 단기복무하는 전문하사에 지원한다. 이세 가지의 선택지 중 아버지 어찌할까요, 하는 것이 너의 질문이다. 너의 물음에 대한 아버지의 대답이다.

세 번째 선택지인 전문하사에 지원해라.

아버지 스타일대로 결론부터 말했고, 지금부터 차근차근 그 이유를 설명해 주겠다. 먼저 직접적인 선택의 이유는 세 가지다. 첫째로 아르바이트 자리는 코로나19로 인하여 하늘의 별 따기처럼 구하기 어렵다는 점이다. 둘째로 책 읽기와 부족한 공부를 하기에 너를 꾀는 유혹이 많고, 그런 유혹을 뿌리치기에 네가 너무 젊다는 점이다. 셋째로 전문하사는 돈도 벌고, 공부하고, 시간을 보낼 수 있는 '일타삼피'의 선택지이기 때문이다. 네가 생각하는 것보다 7개월은 금방 지나간다. 네가 보낸 지난 15개월은 국가가 지정한 의무 기간이었다. 전문하사 기간은 네가 자발적으로 택하는 선택 기간이다. 사람의 마음은 강제로 해야 하는 의무는 회피하려는 부정 심리가 작용하지만, 자발적 선택에는 긍정 심리가 일어난다. 비자발적 의무 기간인 18개월은 이렇게 빨리 지나갔는데, 자발적 수개월의 시간은 총알보다 빠를 것이다. 꼭 전문하사 지원을 바란다. 순간의 선택이 너의 미래를 바꾼다.

너의 선택이 너의 인생이 된다. 현재 너의 삶은 과거의 선택이고, 미래의 삶은 현재 네 선택에 달렸다. 오늘의 삶이 힘들다면, 네가 과거에 했던 잘못된 선택을 되짚어 보아야 한다. 그리고 네가 내일의 삶을 편안하게 살고 싶다면, 오늘 반드시 현명한 선택을 해야 한다. X축의 시간 값은 정해진 순서대로 흘러갈 뿐이고, 인생은 Y축의 선택 값이 어떤 선택인가 달렸다. 너의 인생은 너의 선택이 이끄는 방향으로 간다. 아버지는 너만의 현명한 선택법을 만들어가길 바란다. 그 선택에 도움이 되도록 아버지의 선택법을 적어둔다. 아버지가 제안하는 방법이 너만의 현명한 선택법을 만드는데 도움이 되길 바라는 마음이다.

첫째, 8차선 고속도로 말고 꾸불꾸불 2차선 국도를 선택해라.

인생길은 되도록 꾸불꾸불 돌아가는 길을 선택하는 것이 좋다. 특히 젊었을 때는 더 그렇다. 왜냐하면 꾸불꾸불 돌아가는 그 지루한 과정 속에 삶의 맛과 지혜가 있기 때문이다. 8차선 고속도로는 목적지만을 향해 줄기차게 내달리는 결과 중심의 길이다. 과정을 느낄 수 없는 길이다. 반면에 2차선 국도는 속도가 느리고 늘 긴장해야 하지만, 대신에 삶의 과정을 온몸으로 즐길 수 있는 길이다. 그래서 너는 매일매일이 깨어있는 '꾸불꾸불 2차선 국도'를 선택해야 한다.

둘째, 네 친구가 '미친놈'이라고 말하는 걸 선택해라.

예를 들어 네가 전문하사에 지원하겠다고 말했을 때 네 친구들이 너에게 미쳤냐고 한다면, 너는 전문하사에 꼭 지원해라. 너의 또래가 가지 않는 곳이 바로 블루오션이다. 너의 또래가 떼로 몰려가는 곳은 레드오션이다. 레드오션은 열심히 해도 이윤이 적은 시장이다. 경쟁자가 적은 시장에선 어느 정도의 노력과 자질만 갖추면 금방 부자가 될 수 있다. 좋은 결과는 의외로 노력과 자질보다 시장의 선택이 더 중요하다. 사람들은 블루오션을 선택해 성공한 사람을 운이 좋다고 한다. 아니다. 그들은 운이 좋은 것이 아니라 과거에 현명한 선택을 한 사람이다. 아들아, 운이 억세게 좋은 미친놈이 되는 쪽을 선택해야 한다.

셋째, 당장의 편리보다 훗날 이익이 되는 쪽을 선택해야 한다.

당장의 편리보다는 훗날을 위해 욕망을 유보하는 것이 현명한 선택이다. 욕망의 유보는 마시멜로 효과를 일으킨다. 마시멜로 효과는 훗날 더 큰 보상을 위해 당장의 만족을 지연할 줄 아는 사람이 더 성공한다는 것이다. 당장의 과소비를 줄이고 미래를 위해 돈을 모으는 일, 당장의 불편함을 감수하고 재개발 지역의 낡은 집에서 사는 것도 다 여기 해당한다. 부자는 당장의 욕망을 참고 때를 기다릴 줄 아는 사람이다. 네 판단이 어둠 속 불확실한 상태라면 차라리 선택을 유보해라. 어둠은 해가 뜨면 바로 사라진다. 조금 늦더라도 선명하게 눈에 보이는 판단이 현명한 판단이다.

넷째, 너의 상황이 아니라 투자가 요구하는 때를 선택해라.

예를 들어 설명하겠다. 너희 엄마는 2017년 5월 전세를 끼고 재건축 아파트 두 채를 샀다. 그리고 우리는 작은 빌라로 이사 갔다. 어떤 사람은 집값이 좀 더 떨어질 거라고 했다. 어떤 사람은 그렇게 불편한 생활을 하면서까지 아파트를 살 필요가 있냐면서 바보라고 했다. 그러나 너희 엄마는 주거생활의 편안함을 포기하고 투자가 요구하는 때를 선택했다. 우리 자산 수준은 그때의 선택 덕분이다. 때를 놓친 사람들은 '만약'이라는 말을 자주 한다. '만약'이라는 약은 약효가 전혀 없는 시골 장터의 만병통치약이다. 약장수의 말은 쓸데없는 말장난에 불과하다. 너의 몸과 경제에 전혀 도움이 되지 않으니, 만약이라는 단어를 네 사전에서 지워버려야 한다.

우리 앞에는 수많은 선택이 놓여있다. 어떤 선택을 할 것인가는 모두 개인의 몫이다. 아버지도, 너희 엄마도 너희 선택에 조언을 할 수 있지만, 최종 판단은 네가 해야 한다. 다만 부모는 네가 현명한 선택을 하기를 바랄 뿐이다.

사랑한다. 아들아.

너는 나의 자부심이다

어제는 퇴직 후, 옛 직장동료들을 만났다. 장소는 서울 문정동의 신규 오피스텔 단지였다. 아버지보다 먼저 퇴임했던 그분들은 오피스텔에 사무실을 내고, 작은 사업체를 운영하고 있었다. 한 분은 슈퍼마켓과 균일가 숍의 재고 조사 용역을, 다른 한 분은 대형마트에 프라이팬을 납품한다. 그분들은 퇴직한 지 벌써 5년이 넘었다. 이제는 꾸린 사업체도 다 자리를 잡고, 제법 한 회사 대표다운 모습을 하고 계셨다.

"정 프로, 제대 축하한다."
그분들이 나를 처음 만나는 순간 던진 인사말이었다. 그분들은 퇴직을 퇴직이라고 부르지 않고, 군대처럼 '제대'라고 불렀다. 처음에는

'제대 축하한다'는 말뜻을 네 군대 제대를 의미하는 거로 잘못 알아들었다. "내년 1월입니다." 하고 대답했더니, "정 프로가 아직 조직의 때가 덜 빠졌다." 하고 그분들끼리 웃었다.

아들아, 우리 세 사람은 오후 4시가 조금 넘은 시간에, 동부지방법원 인근 횟집에 갔다. 그리고 자리가 끝난 건 늦은 저녁 11시였다. 아버지는 술은 단 한 잔도 마시지 않고, 술 마신 그분들의 이야기를 자그마치 7시간 동안 들었다. 그분들이 선배인지라 먼저 간다고 말할 수 없었다. 한 분은 아버지도 제대(퇴직)했으니, 이젠 술을 다시 마셔야 한다고 강변하셨다. 그 자리에서 미치도록 벗어나고 싶었지만, 나를 위한 자리인지라 차마 먼저 가지 못했다. 술에 취하지 않고 술에 취한 사람들과 했던 이야기를 내내 반복한 7시간은 말로 표현할 수 없는 고통이었다. 저녁 11시가 되어 드디어 자리가 끝나고, 아버지는 집이 같은 방향인 한 분과 택시를 같이 탔다. 그분은 우리 동네의 브랜드 아파트에서 사신다. 택시 안에서 그분이 뒤늦게 명함을 꺼내 주며 말씀하셨다.

"명함 이게 별거 아닌데, 없으면 내가 누구인지 설명을 못 해."
그분의 술 냄새와 그분의 말이 스무 살에 마셨던 독한 소주처럼, 밀려들었다. 아버지는 그분과 헤어지고 바로 집에 들어왔다. 대충 씻자마자 침대에 누웠다. 그리고 명함의 역할을 생각했다. 지금 명함이 없는 아버지는 어떤 사람인가 하는 상념으로 뒤척뒤척 잠이 들지 못했다.

"느그 아버지 뭐 하시노?"

영화 〈친구〉에서 김광규가 연기한 선생이 학생을 체벌하는 장면에서 나오는 대사다. 선생은 왼손으로 학생의 볼을 잡고, 오른손으로 따귀를 매몰차게 때린다. 한 명씩 따귀를 때려가면서 번번이 물어본다.

"아버지 뭐 하시노?"

영화 속 아버지의 직업은 선원, 장의사, 건달이었다. 그 시절에 선생들은 아버지가 배 타고, 시체 닦고, 주먹으로 공부시키는데, 자식으로서 공부하지 않고 뭐 하냐면서 때렸다. 그 시절 선생은 종종 아버지의 직업을 빌어 매의 정당성을 얻고자 했다. 1980년대 혹은 그 이전에 고등학교에 다닌 학생들은 한 번쯤 목도했을 야만이다. 영화의 주인공인 '준석'의 아버지는 부산 지역의 깡패 두목이었다. 준석이는 선생의 물음에 잠시 머뭇거리다가 답한다.

"건달입니더."

이 말이 떨어지자마자 선생은 손목시계까지 풀어서 내려놓고, 더욱 무자비하게 양손으로 따귀를 갈긴다. 무자비한 손찌검에 준석이 쓰러지자 발길질까지 해댄다. 그러고도 분을 못 이겨 선생은 말한다.

"그래, 느그 아부지 건달이라 좋겠다."

"자네 아버지 뭐 하시는가?" 하고 너의 여단장이 물어본다면, 너는 이 아버지가 무엇을 하는 사람이라고 설명할 수 있을까? 예전에는 아버지 회사의 명함으로 유통인, 회사원, 식품 전문가, 팀장, 부문장, 점장 등으로 말하면 되었다. 그러나 이제는 어떤 말을 해도 이 아버지가 무엇을 하는 사람인지 설명할 수 있는 명함이라는 것이 없다. 사실 이 아버지도 스스로 명함 없이는 설명하지 못하고 있으니 말이다.

아버지는 현재 무엇인지 불명확하다. 어쩬 그 사실이 답답했다. 아들이 아버지가 뭐 하는 사람인가를 말하지 못 하는 상황에 답답했다. 그래서 더욱 너의 대답을 듣고 싶다. 아들인 너에게 아버지가 어떻게 보이는지 알고 싶어진다. 이것은 아버지가 잘 살았는지 잘못 살았는지 너에게 묻고 있는 것이다.

너는 지금, 군대라는 한정된 공간에서 다양한 사람들과 어울려 생활한다. 너는 사람들과 다닥다닥 밀착해서 생활한다. 너는 그 속에서 사람이 가진 여러 이면을 보았을 것이다. 그들과 갈등 속에서 분명 사람을 바라보는 깊은 눈이 생겼을 것이다. 아버지를 바라보는 눈도 깊어졌을 것이다. 그렇게 변한 아들의 이야기를 듣고 싶다.

"자네 아버지 뭐 하시는가?"

이 질문은 아버지의 삶에 관한 질문이기도 하며, 네가 이 아버지를 어떻게 바라보는가에 관한 질문이다. 네가 군대 생활 속에서 이 아버지의 우문에 아들의 현답으로 말해주길 바란다. 그 현답을 아버지는 듣고 싶다. 토요일에 휴가 나오면, 꼭 말해주어야 한다. 아버지는 네가 말해주는 아버지의 모습으로, 아버지의 삶을 다시 가꾸어 나가고 싶다. 토요일에 만날 수 있다는 사실이 기쁘다.

아버지의 아들로 태어나서 고맙다. 아버지는 누구든지 너에 관해서 묻는다면, 한 치의 망설임도 없이 말한다.

"제 아들은 저의 자부심입니다."

누군가가 너에게 아버지가 뭐 하는 분인가를 묻는다면 그때 네가 이렇게 대답할 수 있도록 살아가겠다.

"아버지는 저의 친구이며, 스승이며, 존경하는 아버지입니다."

30년 후, 아들의 입에서 이 말이 나오도록, 다시 아버지의 삶을 가꾸어 가겠다고 약속한다. 너의 친구이며, 스승이며, 존경하는 아버지가 되겠다.

　사랑한다. 아들아.

★ ★ ★ ★ ★

5

돈 공부편

・・・・・・・

돈 보는 눈이 뜨이는
4가지 공부법

종이 신문의 모든 기사를 읽어라

누군가에게 거대한 배를 만들게 하려면, 먼저 그에게 거대한 대양
에 나아가려는 열망을 심어줘야 한다.

아버지는 이 격언을 신봉한다. 아들아, 푸른 물결이 출렁이는 저 경
제의 대양으로 가고 싶은 열망이 생겼느냐? 열망이 솟아나지 않는다
면, 조금 그 이유를 설명해줄까? 아직도 아버지 레퍼토리가 많이 남아
있다. 됐을 거라고 보고, 이제는 대양을 가르고 나아갈 거대한 배를 어
떻게 만들어야 하는지 설명하겠다.

배를 만드는 방법은 두 가지가 있다. 하나는 말과 글로 제조 과정을

습득하는 이론이고, 다른 하나는 직접 망치질로 습득하는 실전이다. 우선 말과 글로 경제의 배를 제조하는 방법을 말해주겠다. 네가 이론과 실전 중 무엇이 중요하냐고 질문한다면, 아버지의 대답은 이렇다. 작은 배는 실전이 중요하고, 큰 배는 이론이 중요하다. 작은 배는 현장에서 직접 눈으로 보면서 하는 실전이 빠르고 정확하다. 이론적인 배움은 기본만 있으면 충분하다. 그러나 종합운동장 같은 큰 배를 만들려면 이론이 중요하다. 큰 배는 부속과 원리 하나하나를 눈으로 직접 볼 수 없다. 작은 거 하나하나를 살피기에 배가 너무 크다. 큰 배는 이론의 기초 설계로 전체를 볼 수 있다. 그래서는 큰 배는 실전보다 이론이 중요하다고 하는 것이다.

큰 배를 만들려면 생각의 이론으로 단단히 무장되어 있어야 한다. 눈으로 볼 수 없는 걸 볼 수 있게 만드는 것이 바로 이론이다. 그래서 아버지는 큰 배를 만들려는 네가 견고한 이론의 바탕 위에 실전을 쌓아야 한다고 생각한다. 그렇게 공부해야 123층 롯데월드타워처럼 높게 쌓을 수 있다. 큰 배를 만들고 싶으면, 이론의 토대를 튼튼하게 다져 놓아야 한다.

오늘은 이론을 쌓는 경제 공부 방법을 알려주마. 아버지는 무엇보다 종이 신문 읽기를 강력하게 추천한다. 요즘, 아버지는 아침 일과를 종이 신문 읽기로 시작한다. 일간지 세 가지와 경제지 한 가지, 이렇게 네 가지 종이 신문을 읽는다. 일간지는 보수 매체와 진보 매체를 가리지 않고 기사 하나하나 꼼꼼하게 읽는다. 오직 경제 공부를 하기 위해서다. 지식의 바탕을 튼튼하게 만들기 위한 방법이다.

아버지는 신문의 모든 헤드라인을 펜으로 필사한다. 소소한 기사까지 머리에 담아두는 과정이다. 읽다가 좋은 기사는 아예 기사 전체를 필사하기도 한다. 필자가 전달하려고 하는 내용을 속속들이 내 것으로 만들기 위함이다. 기사 편식은 하지 않는다. 경제뿐 아니라 사회, 문화, 스포츠, 연예 그리고 보기도 싫지만, 정치 소식까지 세세하게 읽는다. 그렇게까지 하는 이유가 있다. 나는 기사는 기자들의 밥이라고 생각한다. 사람은 자기 밥을 허투루 다루지 않는다. 그래서 모든 기사에 기자들이 혼신의 마음을 담았을 거라고 믿고 있다. 아버지는 신문을 집어 드는 순간 '기사 몇 개쯤 모조리 씹어 먹어 줄게' 하며 영화 〈아저씨〉 속 주인공의 마음으로 읽고 있다.

종이 신문 읽기는 그 순간에는 별 소용이 없는 듯 보인다. 어느 정도 시간이 흐른 후에 머릿속에서 화학 반응이 일어나면서 빛을 발하기 시작한다. 콩나물 키우기와 같다고 할까? 처음에는 매일 물을 주어도 콩나물이 자라지 않는다. 그러나 어느 순간이 되면 국 끓이고 무쳐 먹기도 바쁠 정도로 쑥쑥 자란다. 콩나물시루에 물을 주는 일처럼, 처음에 머릿속에 입력된 기사 하나는 아무 의미가 없다. 그러나 매일 물을 주다가 보면 지식이 점점 쌓이고 연결되면서 생각이 저절로 자란다. 아버지는 아무런 관련이 없는 듯한 기사도 무조건 머리에 담아둔다. 어느 순간 이것들이 하나둘씩 네트워크로 연결된다. 경제의 흐름을 읽게 하고 번뜩이는 통찰을 제공한다.

아버지가 근로 소득, 사업 소득, 자본 소득으로 가계의 소득 방식을 구분하고, 각 소득의 특징을 아버지의 방식으로 이론을 구축한 건 모두 종이 신문 읽기를 통해서 얻는 지혜 덕분이다. 가수 '나훈아'는 자본 소득이고, 가수 '남진'은 근로 소득이라고 비유해 설명할 수 있었던 것도 사실은 비유에 능한 신문 칼럼들을 필사했기에 가능했다. 종이 신문에는 경제 지식이 있고, 글쓰기 방법이 있고, 삶의 지혜가 있다. 그래서 너는 종이 신문 읽기를 통해 경제 공부해야 한다. 아버지처럼, 책도 통째로 필사하라고 권하고 싶지만, 그것은 너에게 아직 무리일 것이다. 우선은 종이 신문 읽기만이라도 바로 시작해야 한다.

종이 신문 읽기를 통해서 깨달은 사실 하나를 더 이야기한다. 약간은 아이러니한 이야기다. 아버지가 처음엔 경제 공부를 한답시고, 경제면만 죽도록 파고들었다. 그런데 경제 감각은 쌓이지 않고, 거추장스러운 지식의 겉옷만 겹겹이 쌓였다. 아버지는 그 두꺼운 겉옷을 입고는 일상이 불편했다. 미-중 사이 통상 균형, 포괄적, 점진적, 환태평양경제동반자협정…. 삶과 어떻게 연결되는지 모르는 채 암기한 지식은 지식의 겉옷이었다. 도저히 일상에서 몸을 자유롭게 움직일 수 없는 지경이었다. 아, 이것은 아니다. 이것은 살아있는 경제 지식이 아니다. 살아있는 경제는 사람 속에 있다. 경제라는 이름표를 달았다고 경제가 되는 것이 아니다. 아들아, 나는 이렇게 사람이 담긴 그릇이 경제라는 사실을 깨달았다. 사람 사이에 일어나는 일의 뿌리가 경제이다. 경제는 세상의 가장 낮은 곳에 있다.

자연에서 모든 물은 가장 낮은 곳으로 흐른다. 그렇게 가장 낮은 곳이 바다가 된다. 내가 읽은 기사도 내 머릿속 가장 낮은 곳으로 흐른다. 그곳은 경제 바다가 된다. 그 경제 그릇에 쌓인 모든 지식은 스스로 숙성된다. 이것이 바로 사람이 담긴 경제 이론으로 무장하는 방법이다.

잔소리 좀 해야겠다. 인터넷 포털에서 편집된 기사로 뉴스를 읽지 않았으면 한다. 사람이 담긴 경제 지식을 얻으려거든, 모든 기사를 두고 너의 기준으로 읽어야 한다. 포털 뉴스는 편집된 뉴스이고, 지나치게 선정적인 제목으로 네 눈을 현혹한다. 내가 읽는 신문의 편집자는 바로 너. 절대로 남에게 맡기지 마라. 너만의 기준으로 읽고 쌓아둔 지식만이 너의 것이 된다. 포털의 편집 뉴스로는 불가능한 일이다.

결론이다. 아버지는 두 가지 당부한다.

첫째, 종이 신문을 밥 먹듯이, 아니 숨 쉬듯이 자주 읽어라.

매일 아침 읽어야 한다. 우리 머리는 콩나물시루 같아서, 자주 물을 주어야 그 안의 지식 콩나물들이 잘 자란다.

둘째, 종이 신문의 모든 기사를 꼼꼼하게 읽어라.

모든 면의 기사를 씹어 먹듯이 읽어야 한다. 그래야 영양분을 고루고루 섭취해서, 경제 지식 나무가 쑥쑥 자란다. 종이 신문 읽기, 모든 면의 기사를 꼼꼼하게 읽기, 필사하며 읽기가 아버지의 경제 공부하는 방법이다. 경제 지식을 익히는 데 종이 신문 읽기 만한 것이 없다.

아들아, 너는 오늘 네 경제 지식에 물주기를 하였느냐?

돈 공부하는 독서법은 따로 있다

오늘은 경제 공부하는 또 다른 방법을 이야기하려고 한다. 일전엔 '종이 신문 읽기'를 강조했다.

너에게 종이 신문 네 가지를 읽으라는 말을 옆에서 듣고서 사람들은 아버지가 신문사에서 일할 거라고 오해했다. 이번에는 책 읽기를 강조하려고 하는데, 혹시나 출판에 관련한 일을 한다고 오해할까 걱정이다. 너희가 익히 알듯이 아버지는 식품 유통업에 25년 종사했다. 의식주 중 먹을 것을 상품으로 다뤘다. 책이 정신적인 영역을 다룬 상품이라면, 이 아버지는 물질적인 영역의 상품을 다뤘다. 순전히 너의 경제 공부를 위해서 책 읽기를 추천한다.

경제 공부하는 방법으로 독서만큼 유용한 것이 없다. 먼저 아버지의 독서법 세 가지를 말해주마. 아버지의 독서법을 참고해서 너만의 독서법을 찾기 바란다.

첫째, 제목과 목차를 필사한다.
아버지는 책을 읽기 전 표지를 필사한다. 구석구석 토씨 하나까지 필사하고, 표지에 그림이 있다면 그 그림도 만화처럼 그려본다. 책의 겉표지는 사람의 옷차림과 같다고 생각하기 때문이다. 옷차림을 보면 그 사람의 내면을 알 수 있듯이, 겉표지는 그 책의 내용을 고스란히 담고 있다. 좋은 책은 그렇다. 표지에서 책 내용의 절반은 알아내야 한다. 그다음에는 목차를 필사한다. 그렇게 해서 책 내용을 대체로 파악한 후 책을 읽어간다.

책의 제목과 목차를 필사하는 것은 낯선 사람과 미팅 전 사전 정보를 얻는 것과 같다. 낯선 사람의 겉모습과 명함을 보고 이야기하는 것과 사전 파악 없이 전화로 대화하는 것은 분명한 차이가 있다. 그것이 제목과 목차를 파악하는 것과 보지 않는 것의 차이다. 사전 정보를 아는 것이 사람에 대한 예의이듯이 제목과 목차의 필사는 책에 대한 예의라고 생각한다.

둘째, 뜻이 불명확한 단어는 사전을 찾는다.

책을 읽다 보면 단어의 뜻이 명확하게 머릿속에 잡히지 않는 경우가 있다. 익숙하게 사용하는 단어지만, 그 단어가 뜬구름처럼 머리에서 둥둥 떠다니는 때다. 예를 들면 《시골 빵집에서 자본론을 굽다》라는 책이 있다. 여기에서 '시골 빵집', '굽다'의 뜻은 명확하다. 그런데 '자본론'은 많이 들어봤지만 그게 어떤 뜻인지 명확하게 알지는 못한다. 그러면 아버지는 네이버 백과사전으로 검색해 그 뜻을 찾아본다. 이렇게 모르는 단어의 뜻을 명확하게 해야 책 내용이 머릿속에 들어온다.

셋째, 책 내용을 내 주변, 내 삶과 연결해 구체화하는 것이다.

책을 이해하는 데 그치지 않고 일상과 연결하면, 지식이 네 머릿속에만 머무르지 않고, 너의 손과 발이 되어 세상에 나온다. 생각의 폭을 넓힐 때는 독서량이 중요하다. 반면에 생각의 깊이를 더하고 싶을 때는 독서의 깊이가 중요하다.

요즘 책 읽기가 재미있다는 너의 말에 아버지는 기뻤다. 그 기쁨은 너희가 드디어 책이 주는 재미를 깨달았다는 것이고, 또한 이젠 독서의 깊이를 더하는 수준으로 올라왔다는 기쁨이다. 독서를 통한 경제 공부는 아버지가 평생 해온 일이고 앞으로도 계속할 공부 방법이다. 이젠 너희도 같이 해나갈 수 있다는 사실이 기쁘다.

아버지는 책을 읽으면 반드시 독후감을 쓴다. 단 세 줄이라도 꼭 독후감을 적는다. 경제 관련 신문을 읽거나, 책을 읽거나, 아니면 누군가의 조언을 듣더라도 꼭 내 생각을 접목해서 적어둔다. 이것이 아버지의 경제 공부에 도움이 컸다. 너도 그렇게 해주길 바란다.

사랑한다. 아들아.

자연 법칙이 곧 경제 법칙이다

경제를 공부하는 방법으로 앞서 종이 신문 읽기와 책 읽기를 말했다. 첫째 종이 신문 읽기는 모든 세션의 기사를 꼼꼼하게 읽어야 한다고 했다. 둘째 독서는 표지와 목차를 통해 책 전체를 미리 이해하는 방법으로 읽어야 한다고 했다. 오늘은 세 번째 경제 공부하는 방법을 이야기하려고 한다. 앞서 말했던 두 가지는 이론적 토대를 쌓는 과정이었다. 반면에 이제부터는 그 이론을 자연의 이치에 적용해서 이해하는 방법을 말해주마. 이 과정이 실전 감각을 익히는 과정이다.

이치理致라는 말이 있다. 다스릴 이와 이를 치가 합해서, 사물의 정당한 조리라는 의미이다. 반면에 사물의 정당한 조리에 반하는 걸 이

기라고 한다. 우리를 둘러싼 세계는 합리적인 이치와 불합리한 이기가 서로 힘을 겨루면서 균형을 맞추고 있다. 자연의 원리를 따르는 순방향을 이치의 삶이라 하고, 자연의 원리를 거스르는 역방향을 이기의 삶이라고 한다. 우리를 둘러싼 경제적 생활도 이치와 이기가 싸우는 자연의 원리와 똑같다. 네가 살아가면서 생각해봐야 할 자연의 이치를 말해주마.

첫째는 중력의 법칙이다.

지구상의 모든 것은 중력에 이끌려 위에서 아래로 내려가는 속성이 있다. 그래서 위치, 그러니까 어느 자리에 머무르기 위해서는 그 자리에 합당한 위치 에너지를 가지고 있어야 한다. 어떤 자리를 차지하기 위해서는 반드시 아래로 끌어당기는 중력을 견딜 수 있어야 한다. 부자는 경제적 계단 상위에 있다. 위치가 높기 때문에 내려치는 중력이 더 강력하게 작용한다. 버티지 못한다면 큰 폭으로 추락한다. 그러니 부자라는 위치에 올라가는 것도 중요하지만 그 위치를 유지하는 것은 더 중요하다. 여기에는 근력이 필요하다. 사람들이 창업의 성공보다 성공 후 유지가 더 어렵다는 이유는 강력한 중력이 바닥으로 끌어당기기 때문이다. 흔히 말한다.

"왕관을 쓰려는 자는 왕관의 무게를 견뎌내야 한다."

견디지 못하면 왕관 때문에 죽게 된다.

그래서 감당하지 못할 행운은 오히려 불운이다. 영화 〈반지의 제왕〉 속 절대 반지처럼, 종종 사람의 마음을 어지럽게 만든다. 어쩌다 한번 만난 절대 반지의 행운이 순수한 청년을 추악한 골룸으로 만들기도 한다.

영국에서 최연소의 나이로 659억 원의 로또에 당첨된 청년이 7년 뒤 살인 혐의로 법정에 선 일이 있다. 2020년 말 신문에 소개된 사연이다. 나는 이 기사에서 추악한 골룸으로 변한 로또 당첨자의 끝을 보았다. 대체로 로또 행운을 맞은 사람은 이후 삶이 평탄하지 않았다. 감당하지 못할 행운에는 독이 있다. 이것이 중력의 법칙에서 배워야 할 경제 지식이다. 너에게 말한다.

"너의 몸이 감당하지 못할 행운은 지니지 말도록 해라. 로또는 절대 사지 마라. 아버지는 네가 로또에 당첨이 될까 봐 걱정이다."

둘째는 순환의 법칙이다.

봄, 여름, 가을, 겨울 그리고 다시 봄으로 계절은 순환한다. 사람도 자연에서 태어나고, 자연에서 살아가고 다시 자연으로 돌아간다. 모든 생명은 생성, 성장, 소멸의 과정을 겪으며 돌고 돈다. 가장 좋은 것은 자연의 법칙대로 잘 순환하는 것이다. 순환의 법칙이 깨지는 순간, 참기 힘든 고통이 뒤따른다. 이상기후가 인간에게 얼마나 혹독한 재앙을 안기는지 보면 알 수 있다. 그 원리는 경제에도 마찬가지로 적용된다. 경제 순환이 깨진 자본주의는 고통이 따른다.

"썩는 순환이 일어나지 않는 돈이 자본주의의 모순을 낳았다."

와다나베 아타루는《시골 빵집에서 자본론을 굽다》에서 '자본의 순환'이 중요한 이유를 설명했다. 자연에서는 썩어서 순환하는 빵이 바로 건강하고, 맛있는 빵이다. 그는 우리가 달고, 자극적인 욕망에 길들어 썩지 않는 빵을 만들어내고 있다고 말한다. 썩지 않는 빵에는 방부제의 독성이 숨어있다고 한다. 결국, 시간과 함께 순환하기를 거부하고 자연의 섭리에 반하는 '썩지 않는 빵'이 우리 몸과 마음을 병들게 한다는 것이다.

돈은 더 그렇다. 경제 안에서는 순환하는 돈이 건강하고, 유익한 돈이다. 우리는 탐욕과 욕망에 길들어 썩지 않는 돈을 만들어내고 있다. 그 썩지 않는 돈이 만들어내는 독성은 예상보다 훨씬 크다.

자본의 순환이 일어나지 않고 돈만 팽창하는 구조는 서민의 돈을 빼앗아 자본가들에게 안긴다. 순환하지 않는 자본주의 속에서 서민의 몸은 가난으로 썩어가게 된다. 그리고 부자들만 자본의 편안함 속에서 부와 안락한 생활을 독식하는 사회가 된다. 자연 생태계의 순환처럼 자본의 꽃이 피고, 자본의 열매를 맺어, 모두가 그 과실을 따 먹을 수 있는 순환 구조를 만들어야 한다.

금리 인하와 양적 완화로 돈이 썩지 않는 금융 자본주의 시대에는 '주식'이나 '부동산'이 돈을 벌게 한다. 노동으로만 돈을 버는 시대는 끝났다. 더불어 살아가는 공동체의 선을 위해서, 탐욕스럽게 돈을 벌지 않는 자본 생태계가 바람직하지만, 그런 시대는 이제 오지 않는다. 오직 약육강식 자본주의에서 살아남도록, 자본주의 맹점을 이용해서 돈을 버는 방법만이 남아있다. 돈이 넘쳐나는 시대에 돈을 버는 방법은 '자본가'로 살면서 돈으로 돈을 버는 것이 왕도다.

셋째는 질량 불변의 법칙이다.

화학 반응 전후의 총질량은 서로 같다. 인류 역사를 바꾼 거대한 혁명이 있다. 농업혁명, 산업혁명, 과학혁명으로 우리 경제 형태는 급격하게 변했다. 하지만 기본적인 삶의 질량은 혁명 전후가 같다. 농업혁명으로 먹거리가 늘어났지만, 인구 증가로 여전히 먹거리를 향한 다툼이 존재했다. 산업혁명으로 물질문명이 발달했지만, 우리 몸은 물질문명 속에 길들어 편리함을 느끼지 못한다. 과학혁명으로 자연의 원리를 이해하고 이용하기 시작했지만, 한편으로 자연의 순환을 파괴하면서 더 큰 재앙을 불러왔다. 기후위기, 바이러스 창궐로 또 다른 과제를 잔뜩 짊어지고 있다. 모든 인류혁명 전후 인류 행복의 질량은 변함이 없었다.

인류학자 에드워드 윌슨은 《지구의 정복자》라는 책에서 인류의 사회성이 발달하면서 인간이 지구를 정복하는 힘을 얻었다고 말한다. 그가 주장하는 정복의 핵심 전략은 '인간의 사회성'에 기반한 진화이다.

즉 인류가 사회적인 존재였기에 지구 정복이 가능했고, 여기에는 행운이 따랐다고, 그는 말한다. 인류에게 따랐던 행운은 다음 네 가지다.

첫째, 인류는 육지에 살았다. 인류의 거주지가 바다가 아니고 육지였기에 불을 이용할 수 있었던 것이 행운이었다. 불이 없었다면 인류의 사회적 진화도 없었다.

둘째, 인류는 지구에서 제법 큰 몸집을 가졌다. 곤충처럼 작다면 사회적 진화의 폭발력이 떨어졌다.

셋째, 인류에게는 손이 있었다. 사물을 쥐고 조작하도록 진화한 손가락이 달렸다.

네 번째는 고기를 섭취하게 되었다는 행운이다. 식단의 변화는 단백질 공급으로 인간의 뇌의 발달을 가져왔다.

인류는 네 가지의 행운으로, 유일무이한 지구의 정복자가 되었다고 한다. 그런데 인류는 지구의 정복자인 동시에 파괴자였다. 인류는 지구를 정복했지만, 생태계를 파괴했고 그 속에 공존하는 삶은 없었다. 개별 존재로서 인간은 수렵 채집 때보다 나아진 것이 없다. 이것이 바로 질량 불변의 법칙에서 배워야 할 경제적 삶의 이치다. 어쩌면 가난에서 부자의 삶으로 변화한 이후도 행복의 질량은 그대로일 수 있다. 돈을 벌면서도, 더불어 사는 삶을 추구해야 하는 이유가 여기에 있다. 질량 불변의 법칙에서 돈이 삶에 주는 의미를 새겨야 한다. 그렇다고 돈이 필요 없다고 여기는 건 어리석은 생각이다. 경제적인 삶의 토대를 굳건하게 세우되 나아가 삶의 정신적 목표를 함께 세우라는 뜻이다.

지금까지 중력의 법칙, 순환의 법칙, 질량 불변의 법칙이라는 세 가지 자연의 이치를 통해서 경제 공부에 깊이를 더하는 방법을 찾았다. 물은 낮은 곳으로 흐르지만, 가장 넓은 곳에 모여 바다가 된다. 이 이치를 아는 것이 경제적 삶의 시작이다.

아들아, 나는 가장 낮은 곳에서 너를 기다리고 품어주는 바다가 되겠다. 사랑한다.

경제 용어 공부법

　유대인들이 과학, 경제, 문화 등 모든 분야에서 두각을 나타내는 이유는 무엇일까? 문자를 통해 역사를 기록하고, 그 기록된 역사를 끊임없이 되새기면서 지혜를 배우기 때문이다. 아브라함의 시대부터 그들은 문자를 통해 삶을 기록했고, 그 문자를 읽고 의미를 되새기는 일을 반복했다. 이것이 그들이 공부하는 방법이다. 그런 공부가 유대인의 몸속에 배어있다. 근세 이전에 유럽인들의 문맹률은 90%가 넘어갔다. 반면에 유대인은 80% 이상이 문자를 읽고 쓰면서 문자 속에서 배움을 익혔다. 인류가 5000년의 역사에서 구축한 지혜와 지식은 사람의 유전자 속에 있는 것이 아니라 글자 속에 있다. 그만큼 문자를 알고, 이해하는 능력은 중요하다.

문해력literacy은 문자화된 기록물을 통해 지식과 정보를 획득하고 이해할 수 있는 능력을 말한다. 그 능력을 통해 인류는 지금까지 문화를 창조할 수 있었다. 그래서 문자의 기록은 인간 문명의 보고다. 그 보고를 이해하는 능력이야말로 인간 삶의 경쟁력이요, 새로운 문명 창조의 원천이 된다.

세상 이치를 깨우치고자 한다면 먼저 문해력을 갖춰야 한다.

문해력을 바탕으로 역사 속 지식과 정보를 이해할 수 있어야 비로소 경제 공부가 가능하기 때문이다. 그러니 경제 공부를 하려거든 우선 문해력을 길러야 한다. 문해력을 기르는 방법 중 하나는 전문 용어를 정확하게 이해하는 것이다. 만약에 경제를 공부하려고 한다면 우선은 경제 용어를 명확하게 이해해야 한다.

코로나19의 여파로 경제적 이슈가 다양하다. 요즘 자주 접하는 경제 뉴스는 첫째 양적 완화 정책에 의한 금융 시장 유동성 증가, 둘째 금융 시장 유동성 증가로 부동산 가격 급등, 셋째 금융 시장 유동성 증가로 코스피 최고가 갱신, 이 세 가지이다. 이 모든 뉴스 속에 꼭 언급되는 것이 바로 유동성이다. 그래서 유동성이라는 용어가 무슨 뜻인지 정확하게 이해하고 뉴스를 읽는 것과 그렇지 않고서 읽는 것은 문해력 수준에서 엄청난 차이가 있는 것이다.

그렇다면 유동성이 무엇인가? 유동성의 사전적 의미는 자산을 현금으로 전환할 수 있는 정도를 나타내는 말인데, 요즘 흔하게 쓰이는 유동성의 의미는 현금의 유동성이다. 화폐는 유통 속도와 거래량 등으로 유동성 정도를 나타낸다. 시중에 풀린 현금은 협의 통화(M1)과 광의 통화(M2)가 있다. 협의 통화는 현금 통화와 요구불 예금, 수시 입출금식 예금의 합계를 말하고, 광의 통화는 협의 통화와 만기 2년 미만 금융 상품을 말한다. 결국 현금 유동성이 커졌다는 것은 현금의 유통량이 많고, 이 현금의 유통 속도가 빠르다는 말이다. 현금 유동성이 높다는 것은 넘치는 현금이 어딘가로 가야 한다는 의미다. 이번에 코로나19로 기업은 장기 투자를 못하고, 가계는 소비를 줄이고 있어서 유동성 현금이 넘치는 상황이다. 결국 부동산이라는 안전 자산 투자와 주식이라는 증권 시장에 투자하는 것 이외에 현금이 흘러갈 곳이 없다.

유동성이라는 용어를 정확히 이해한다면 경제 관련 이슈 뉴스를 읽으면서 현재 경제 흐름을 이해하는 식견을 넓힐 수 있다. 그러나 이해 없이 뉴스를 읽었다면, 깊은 본질을 이해하지 못하고, 단지 집값이 상승하고 주식이 상승했다는 겉모습만 인지하는 것이다. 집값의 상승과 주식 상승은 그저 현상이다. 사실은 왜 그렇게 오르는지 원인을 아는 것이 핵심이다. 지금의 자산 상승은 현금 유동성과 관련이 깊다.

그렇다면, 현금의 유동성은 요즘 왜 이렇게 커지는 것일까? 원인은 저금리와 양적 완화 정책이다. 먼저 저금리다. 경기가 침체되면 신용

경색 해소와 경기 부양을 위해 중앙은행은 금리를 인하해 시중에 돈이 풀리도록 한다. 즉 통화량을 늘리는 것이다. 그 유동자금이 경제 현장 곳곳에 투입되어 경제 활성화 역할을 한다. 그래서 코로나19로 세계 경기 흐름이 침체하면서, 각국 정부는 중앙은행에 금리를 인하해 경기 부양책을 실행하도록 했다. 그러나 코로나19의 여파는 수습되지 않았다. 그래서 이번에는 정부가 중앙은행에 채권을 발행하고 매입해서 공적자금으로 산업 현장에 자금을 투입했다. 이렇게 시중에 통화량이 늘어나면 생산 설비 투자로 재화와 용역이 만들어져 화폐 유통이 원활하게 일어나야 하는데, 정작 소비가 진작되지 않고 시중에 현금만 넘치는 상황이 벌어진 것이다.

그 넘치는 현금의 유동성이 결국 부동산 시장과 주식 시장으로 유입되어 자산 가치가 상승한다. 유동성이라는 경제 용어를 명확하게 알고 있으면 경제의 지식과 정보에 담긴 내용의 본질을 이해할 수 있다. 문자를 통해서 경제의 본질을 꿰뚫은 공부가 되는 것이다.

그러니 신문을 읽거나, 뉴스 방송을 통해서 듣는 경제 용어 중 핵심 용어들은 반드시 용어의 뜻을 명확하게 이해해야 한다. 이것이 경제 공부하는 방법이다.

사랑한다. 아들아.

가난은 부끄러운 것이다

오늘은 마지막 글을 쓰고 있다. 마지막으로 전할 이야기는 아버지가 가장 감추고 싶었던 슬픈 이야기다.

가난, 경제 토대를 잃어버린 시간, 그곳에는 슬픔이 있다. 슬픔이라는 단어가 이제는 밥처럼 흔하고 흔한 단어다. 그러나 슬픔에는 밥의 한, 밥의 정, 밥의 땀, 밥의 피가 섞여 있다.

아버지는 어린 시절에 무척 가난했다. 그 시절의 가난에는 슬픔이 있었다. '가난은 부끄러운 것이 아니다 불편할 뿐이다.' 그렇게 스스로 달래도 아버지는 가난이 너무 슬펐다. 부끄러워서 슬펐다. 아버지는 공부로 그 가난을 벗어날 수 있다고 생각했다. 책 속에서 위안을 찾았다. 책은 "가난은 부끄러운 것이 아니다. 불편한 것일 뿐이다."라고 말해주었다. 그러나 책 속의 위안은 현실과는 달랐다. 그 일이 있기 전까지는 그래도 슬픔이 아니라고 믿고 있었다. 솔직히 어쩔 수 없이 믿고 싶었다는 말이 정확한 표현이다.

아버지는 1981년 ○○중학교에 입학하면서, 미아리에서 성북동으로 가는 85번 버스로 통학을 했다. 지금은 사라지고 없는 번호의 버스다. 그 시절 중학생은 검은색 교복을 입었고, 옛날 책가방을 옆구리에 끼거나, 한 손으로 들고 다녔다. 그때 아침 통학 버스는 지금의 '지옥철'을 능가하는 만원 버스였다.

1981년 5월 1일, 화창한 날이었다. 아침 등굣길에 버스를 탔다. 웬일인지, 그날은 만원 버스가 아니었다. 이동을 편하게 할 수 있을 정도로 한가했다. 그래도 빈 좌석은 없었다. 중학교 때 아버지는 키가 작았다. 아버지는 버스 손잡이를 잡기 위해서 단이 높은 버스 뒤쪽으로 갔다. 버스의 뒤편에서 한 손은 버스 손잡이를, 다른 한 손은 책가방을 잡고 있었다.

내 앞의 좌석에는 스물 한두 살 정도 보이는 회사원 누나가 앉아있었다. 누나는 하얀 블라우스에 검은색 스커트를 입고 있었다. 누나와 눈이 마주쳤다. 그 누나는 아버지의 책가방을 받아주겠다고 했다. 아버지는 그때 잠시 머뭇거렸다. 도시락 반찬 때문이었다. 김치 반찬이 맥심 커피 병에 담겨 있는데 병뚜껑이 헐거워 혹시나 김칫국물이 밖으로 흘러나올까 걱정이었다. 그러는 찰나 누나가 갑자기 가방을 당겨서 자기 무릎 위에 올려놓았다. 버스는 출발하고, 아버지는 가는 내내 찜찜한 마음이었다. 사람의 예감은 어느 때 무서울 정도로 정확하다. 아버지의 예감은 적중했다.

"어머, 나 어떡해!"
얼마 지나지 않아, 그 누나의 당혹스러운 비명이 들렸다. 아버지는 바로 책가방을 내려다보았다. 아, 망할 놈의 김칫국물! 가방 틈 사이로 김칫국물이 철철 흘러내리고 있었다. 그 누나의 치마 위에는 김칫국물이 흥건했다. 누나가 내 가방을 잡고 위로 올리자 가방에서 김칫국물 방울이 계속 뚝뚝 떨어졌다. 아버지는 얼른 가방을 받아 들었다. 김칫국물은 아버지 바지와 신발에 계속 떨어지고 있었다. 누나는 자기의 손수건으로 치마 위 김칫국물을 연신 닦아냈다. 아버지는 김칫국물이 계속 흐르는 가방을 들고, 그 누나에게 고개를 숙이며 죄송하다고 말했다. 그 누나는 괜찮다고 했다. 아버지는 그 순간에 '김칫국물' 이외에 다른 모든 생각이 사라졌다. 아버지는 어찌할지 몰랐다.

그때 버스가 돈암동의 태극당 정거장에 멈췄다. 아버지는 난감해하는 그 누나를 뒤로하고, 차가 멈추자마자 출입구로 달려가서 바로 내렸다. 아버지가 내려야 할 정류장이 아니었지만 따질 상황이 아니었다. 버스에서 내리자마자 태극당 뒤쪽의 골목길로 들어갔다. 그리고 골목길 쓰레기통에 반찬통을 버렸고. 노트를 찢어서 책가방 속을 닦았다. 수학책과 영어책은 이미 김칫국물에 젖어있었다. 교과서도 버리고 싶었지만 차마 버리지 못했다. 공부할 때마다 김칫국물 자국으로 얼룩진 교과서를 바라보았다. 아버지의 그 교과서가 부끄러워서 슬펐다.

그 기억은 선명한데, 그 사건이 있던 날의 기억은 이상하게 하나도 떠오르지 않는다. 어떻게 학교에 갔는지, 수업을 어떻게 했는지, 그날 점심은 먹었는지, 어떻게 집에 갔는지, 버린 반찬통에 대해서 어머니에게 어떻게 말했는지, 기억이 없다. 김칫국물, 그 가난이 부끄러웠다는 기억 이외에 다른 기억이 없다. 전혀 없다.

아들아, 가난은 부끄러운 것이 아니다. 그저 불편할 뿐. 이 말은 거짓말이다. 가난은 불편한 것이 아니라 부끄러운 것이다. 그 부끄러움 때문에 슬픈 것이다.

아버지는 그 일을 지금까지 그 누구에게도 말하지 않았다. 왜냐하면 그 생각을 하는 것만으로도 낯이 뜨거웠기 때문이다. 아버지에게 가난이 무엇이냐고 묻는다면, 아버지는 말한다. 가난은 김칫국물이다.

버스 안에서 벌거숭이로 있는 듯한 부끄러움이다. 그것이 가난이라고, 아버지는 오십이 넘어서도 가난을 이렇게밖에 표현하지 못한다. 가난이 아직도 나는 부끄럽다.

가난은 부끄러운 것이 아니다.
단지 불편할 뿐이다.

언제쯤, 나는 이렇게 고상하게 가난을 말할 수 있을까?

아버지는 지금도 못 하고, 이제는 죽을 때까지 못 할 것 같다. 왜냐하면, 너희가 아버지와 같은 일을 겪는 게 싫고, 너희의 아이들도 그런 일을 겪어서는 안 되기 때문이다. 아버지가 너희에게 경제 공부해야 한다고 귀에 못이 박이도록 말하는 이유다. 아버지가 경제의 본질인 '돈, 돈, 돈' 할 때 아직도 너의 표정은 일그러진다. 네 표정처럼, 그래, 돈은 더럽다. 그러나 그 더러운 돈이 사람의 주머니에 없으면, 그 사람이 더러워진다. 아버지는 네가 돈이 없어서 더러워지는 걸 보고 싶지 않다.

가난이라는 '김칫국물'은 시대에 따라 변한다. 아버지가 중학교 때는 '김칫국물'이었고, 아버지가 직장생활 할 때는 '상사의 욕'이었으며, 퇴직한 지금은 '엄마의 슬픈 표정'이다. 아버지의 가난과 너의 가난은 분명 다른 방식이고, 다른 얼굴을 한다. 너의 시대에는 가난이 어떤 가면을 쓰고 오려는지 아직은 모른다. 그래서 네 시대의 가난에 대비해야 한다. "아들아 경제 공부해야 한다."라는 이 아버지의 말을 홍금에 품고 있어야 한다.

혹시나 아버지 얘기를 듣고서 오해할까 싶어서 말해둔다. 가난 속에서 아버지를 키운 할아버지와 할머니를 아버지가 원망했을 것이라는 생각은 하지 마라. 어릴 적에 잠깐 그런 생각을 했지만, 너희가 태어난 이후에는 단 한 번도 할아버지와 할머니를 원망한 적이 없다. 오히려 그 가난에서 힘겹게 버티셨던 두 분께 고마울 뿐이다. 두 분을 생각하면 지금도 가슴이 아프고 에인다.

"아들아, 경제 공부해야 한다."
이 말이 아버지가 할 수 있는 유일한 당부다.

사랑한다. 아들아.

아버지의 등불로 세상을 봅니다

"아들, 나 퇴직한다."

지난해 가을 연병장에서 축구를 하다가, 쉬는 시간에 아버지에게 전화를 걸었다. 아버지는 "뭐 하고 있었냐? 밥 먹었냐?" 이런저런 이야기를 하시더니, 갑자기 퇴직 이야기를 꺼냈다. 별일 아닌 것처럼 말씀하셨고, 그래서 나도 별일 아닌 것처럼 들었다. "뭐 하실 거예요?"라는 내 물음에 아버지는 "글 쓴다."라고 짧게 말씀하셨다.

그다음 날부터 아버지는 하루도 거르지 않고, 하루에 한 편씩 글을 써서 카카오톡으로 보내주셨다. 글의 제목은 늘 '아들아 경제 공부해야 한다'였다. 그때 나는 병장이었다. 만사가 귀찮았다. 카카오톡으로 보내오는 아버지의 글은 그저 열어서 '읽음' 상태가 되도록 하고, 내용까진 읽지 않았다.

아버지의 글을 읽고 싶은 마음이 생긴 건 영화 〈기생충〉을 보고 나서다. 처음에는 영화가 대단하다고 하니, 얼마나 대단한지 한번 보자는 마음이었다. 정작 영화를 보고, 나는 처음엔 불쾌한 감정이 일어나서 헛구역질이 날 정도였다. 영화 속 장면처럼 홍수로 오물이 역류해서 솟구치는 변기 위에서 젖은 담배를 피우는 그런 기분이었다. 영화를 보고 나는 비로소 내 눈으로 가난이라는 명확한 실체를 본 듯했다.

다음날, 나는 아버지에게 전화했다.
"아버지 내가 어제 〈기생충〉이란 영화를 봤거든. 어렸을 적 우리 반지하에 살았을 때가 저런 모습이었을까? 그때 생각이 났어."

아버지는 내 이야기를 소재로 '반지하의 삶'이라는 글을 써서 보내셨다. 나는 그때서야 처음으로 아버지의 글을 한 자 한 자 읽었다. '반지하의 삶'에 담긴 아버지의 마음에 가슴이 저렸다.
"아버지는 반지하의 습관을 너희에게 대물림하긴 정말 싫었다."
이 문장을 읽을 땐 가슴 한구석이 찌르듯이 아팠다.

그날부터 아버지의 글이 다르게 읽혔다. 보지 못했던 아버지의 뒷모습이 보였다. '가난이 불편한 것이 아니라 부끄러운 것'이라는 글 속에서는 가난한 소년인 아버지가 보였다. 친구들과 맥주를 마시고, 계산하던 그 술값 속에 아버지의 욕 값이 보였다. 뒤축이 다 해진 구두에선 아버지의 고단한 하루가 보였다. 김칫국물 속 소년도 아버지이고, 욕 값으로 월급을 받던 월급쟁이도 아버지이고, 뒤축이 다해진 구두를 신은 퇴직자도 아버지다. 소년, 월급쟁이, 퇴직자 그 모든 아버지의 고투 덕분에, 나는 이렇게 컸다.

나는 가난을 경험한 적이 없다. 경제적으로 부족함이 없이 자랐다. 나를 이렇게 키우기 위해 아버지는 보이지 않는 곳에서, 고단했을 것이다. 그렇게 힘겹게 사셨을 것이다. 그렇게 살아오신 아버지께 보답하는 길은 하나뿐이다. 아버지의 바람대로 내 삶에 탄탄한 경제적 토대를 마련하는 것뿐이다. 그래서 내 주머니에 돈이 없어서, 내 삶이 황폐해지는 일이 없게 하는 것뿐이다.

사랑하면 알게 되니, 그때 보이는 것이 전과 같지 않더라. 지금, 내 눈에 비치는 아버지의 모습은 전과 같지 않다. 아버지는 지금 퇴직이라는 구렁에서 벗어나려고 안간힘을 쓰고 계신다. 그 안간힘은 바지 속 헐렁거리도록 얇아진 허벅지에 있고, 반백이 되어가는 머리카락 사이에 있고, 신문을 읽을 때마다 콧등 아래로 내려쓴 안경 속에 있다.

그 안간힘이 깜깜한 어둠이 드리운 동굴 같은 현실에서 환한 등불처럼 빛나고 있다.

오늘도 나는 그 등불로 세상을 보고 있다.

아버지, 사랑합니다.

지금 아버지는, 할아버지의
가난과 고통을 딛고 서 있다

사랑하는 아들아.

네가 보낸 편지를 읽으면서, 이 아버지는 많이 울었다.

너의 편지 속에서, 40년 전에 이 세상을 떠나버린 스무 살의 큰아
버지와 할아버지를 떠올렸기 때문이었다.

정정규, 너의 큰 아버지이자 나의 큰형이다. 큰형은 1961년에 6월
5일에 태어나, 1981년 8월 1일에 세상을 떠났다. 참으로 짧은 생을
살았다. 아버지는 꾸역꾸역 시간을 버텨서 이렇게 오십으로 늙었다.
그러나 큰형은 아직도 스무 살 청년으로 한라산에 영원이 되어 멈춰
있다. 그렇게 우리 사이에는 40년이라는 시간이 흘렀다. 아버지는 나

이 오십이 넘어서도, 너의 또래밖에 되지 않는 스무 살의 그 청년을 큰형이라고 부른다. 너의 편지를 읽으면서, 스무 살의 그 청년이 너무도 보고 싶었다. 아버지는 아직도 40년 전의 그날에서 한 발자국도 벗어나지 못한 것 같다. 아버지가 글을 쓴 이유는 단 하나였다. 너무 짧은 삶을 살다가 스무 살로 영원한 청년이 되어버린 나의 큰형을 생각하며, 세상에 작은 흔적이라도 남기고 싶었다. 아버지가 오랫동안 글을 써왔던 이유다.

아들아, 아버지는 나의 아버지인 할아버지를 원망했었다. 지금은 원망했던 그 마음이 마음을 무겁게 짓누른다. 이 아버지는 못난 자식이었다. 아버지는 할아버지를 왜 그렇게 지독히 미워했을까? 할아버지의 유약한 성격 때문이었다. 세상 풍파를 헤쳐나갈 만큼 강한 의지를 가지지 못했다. 할아버지의 어깨는 늘 왜소했다. 보통 자식들은 자기 아버지가 이 험난한 세상에 정면으로 맞서서 당당하게 살아가길 바란다. 너도 이 아버지에게 그렇게 해주길 바랄 것이다. 아버지도 할아버지가 삶의 좌표가 되어주기를 바랐다. 세상의 모든 아버지들처럼 모든 고난과 고통, 그리고 시련을 이겨내서 가족을 지켜내는 든든한 울타리가 되어주길 원했던 거다.

아들아, 너의 큰아버지가 세상을 떠났을 때, 차갑게 식어버린 큰아버지를 마지막까지 지켜본 것은 할아버지였다. 큰아버지는 한라산 백록담 바로 밑에서 조난 사고를 당했다. 할아버지는 큰아버지를 산 아래로 내리지 못하고, 결국 한라산 정상 부근에 묻었다. 큰아버지는 백록담을 배경으로 등지고, 제주도가 훤하게 보이는 한라산 언덕에 묘비도 없이 묻혔다. 큰아버지를 묻고 와서 할아버지는 단 한 번도 울지 않으셨다. 할머니가 숨을 쉬지 못하면서 통곡할 때도 할아버지는 그저 옆에서 묵묵하게 지켜보셨다. 아버지는 그 할머니를 옆에서 울음소리가 새어 나오지 않게, 울었다. 그러나 할아버지는 울지 않았다. 죽은 자식을 땅에 묻고 왔는데 아버지는 울지 않는구나. 할아버지는 무정하다. 아버지는 그렇게 생각했다.

지금 돌이켜보니, 어쩌면 할아버지로서는 그저 무심하게 일상을 버티는 것만이 그분이 할 수 있는 최선이었겠지, 그 외에 무엇을 할 수가 있었을까. 할아버지를 비난했던 아버지가 그때의 할아버지 나이가 되었다. 자식을 땅에 묻고 온 아버지가 가족 앞에 섰던 그 나이가 되었다.

아버지가 너희를 키우면서 깨닫게 된 것이 있다. 자식을 잃은 아버지는 아무것도 할 수 없다. 남아 있는 자식을 위해서 그저 시간을 버티는 것뿐. 할아버지는 그렇게 했다. 아버지는 너희의 아버지가 되고 나서야, 비로소 할아버지를 조금씩 이해하기 시작했다. 아버지는 할아버지를 우리 가족을 지켜내는 가장으로만 바라보지 않는다. 할아버지도 가난과 고통의 힘든 세월을 살아간 한 사람이었다.

아들아, 사실 그 시절 우리의 가난과 고통은 할아버지 책임이 아니었다. 큰형의 죽음으로 드리워진 암울함과 가난으로 인한 미래의 어둠은 결코 할아버지 탓이 아니었다. 할아버지의 삶을 돌이켜 보면, 그분의 삶이 안쓰럽게 느껴진다. 할아버지의 삶은, 젊은 날의 따뜻하고 빛나는 시간은 너무도 짧았고, 아버지로서 인생 곳곳에 스며든 가난과 죽음의 한기로 견디기 어려웠을 시간은 길었다.

할아버지가 감당했던 그 고통의 시간을 어떻게 바라보아야 하는가, 고민했다.

할아버지의 무능이 만든 업보였을까, 아니다. 아버지는 할아버지의 잘못이 아니라고 생각한다. 세상의 규칙은 질서 안에서 원인과 결과로 만들어지는 것이 아니다. 특히 그 시절의 가난과 불행은 본래 그러한 것이지, 누구를 탓할 수도 없고 누구의 책임도 아니다. 그 시절이 가난했을 뿐이다.

아버지는 할아버지 생전에 살갑게 곁을 지켜주지 못했다. 할아버지는 마지막까지 외로우셨을 것이다. 아버지는 너에게 편지를 쓰면서, 나의 아버지였던 할아버지에게 편지를 쓰고 있다. 할아버지가 죽어서라도 외롭지 않으셨으면 하는 죄송한 마음을 적어서 편지를 띄운다.

네가 아버지에게 편지를 보냈듯이, 이 아버지도 할아버지의 자식으로서 편지를 보내고 있다.

"아버지의 등불로 세상을 봅니다."

네가 그렇게 아버지에게 편지를 보냈다.

아버지는 할아버지에게 편지를 보낸다.

"아버지의 가난과 고통을 딛고, 저는 서 있습니다."

아들아, 이 책을 쓰면서, 너에게 아버지로서 어떻게 삶의 고통과 가난을 보여줄 수 있을까 고민했다. 모든 자식은 사실 아버지의 고통과 가난의 발판을 딛고 살아가기 때문이다. 이것은 인류 역사에서 모든 아버지들이 아들들에게 주고자 했던 최고의 사랑이었다. 스무 살의 청년으로 영원한 큰형과 나의 가난한 아버지인 할아버지가 나에게 주었던 사랑을, 이제는 너에게 주고 싶은 것이다. 이것이 너의 아버지로서의 나의 숙명이다.

너의 편지를 읽으면서, 이 아버지가 울었던 이유가 여기에 있다. 아버지의 눈물엔 큰아버지와 할아버지를 향한 아버지의 그리움이 담겨 있다. 두 사람의 삶에 배인 한기가 아버지의 눈물이 되어 네 편지 위에서 검붉은 색채로 번진다.

아버지는 할아버지와 큰아버지의 가난과 고통을 딛고 이 자리에 서 있다. 가난은 사람을 초라하게 만든다. 그러나 오늘은, 그 가난으로부터 초라하지 않게 나를 지켜준 사람들을 생각하며, 따뜻하다.

아들아, 이 아버지도 할아버지와 큰아버지가 해주었던 것처럼, 너희를 비춰주는 등불이 되어주고 싶다.

나는 두 분이 만들어준 가난과 고통의 토대 위에 서서, 너희를 위한

꺼지지 않는 등불을 비추고 있다.

사랑한다, 아들아.

아들아,
돈 공부해야 한다

10만 부 기념 골드 에디션

1판 1쇄 발행 2022년 4월 20일
1판 6쇄 발행 2024년 8월 7일

지은이 정선용(정스토리)

발행인 양원석 **편집장** 차선화
디자인 신자용, 김미선 **영업마케팅** 윤우성, 박소정, 이현주, 정다은, 백승원

펴낸 곳 ㈜알에이치코리아
주소 서울시 금천구 가산디지털2로 53, 20층 (가산동, 한라시그마밸리)
편집문의 02-6443-8861 **도서문의** 02-6443-8800
홈페이지 http://rhk.co.kr
등록 2004년 1월 15일 제2-3726호

ISBN 978-89-255-7835-4 (03320)